《欧洲研究丛书》学术委员会

主任委员　周　弘

委　　员（按姓氏笔画排列）

　　　　　马胜利　王　鹤　田德文　江时学　沈雁南
　　　　　吴　弦　罗红波　祝得彬　程卫东　裘元伦

Convergence of Business Cycles in Europe

欧洲经济周期趋同研究

秦爱华 / 著

社会科学文献出版社
SOCIAL SCIENCES ACADEMIC PRESS (CHINA)

"东扩后的欧洲经济增长"最终成果之一

中国社会科学院欧洲研究所创新工程经济子模块
"全球经济版图重构下的欧洲"阶段性成果之一

序

  本书是作者在其博士学位论文的基础上进一步深入研究的学术成果。作为秦爱华的博士生导师，我从该生入学之初就根据其计量经济学功底较强的特点鼓励她关注这一课题，并督促她在出国进修期间对这一课题的国外研究现状作了认真、全面的学习和考察。

  本课题在国内学术界有关欧洲经济研究方面尚属空白，在国际学术界也属于前沿课题。虽然欧洲学术界关于欧洲经济周期研究的文献较多，对欧洲经济周期趋同亦有研究，但总体水平与其他传统问题的研究相比仍处于初期阶段，因此该选题难度很大。但是，秦爱华经过4年的刻苦学习（其中有1年在德国弗赖堡大学），克服了诸多困难，很好地完成了博士学位论文的写作。

  欧洲经济周期趋同研究是对欧洲经济统一实体研究的重要组成部分。研究欧洲经济一体化与欧洲经济周期趋同的互动关系，不仅可以为在全球化背景下研究世界经济周期性问题提供有用的案例和依据，而且有助于从崭新的理论视角理解欧洲经济一体化的深层次结构影响和发展趋势。

  欧盟是当今世界上最成功的超国家区域经济体。随着欧洲经济一体化的发展，欧盟国家经济融合日益加深，对欧盟国家的经济周期趋同也提出了更高的要求。目前，欧盟国家的经济周期趋同已经成为欧洲经济一体化的一个关键问题，正在成为欧洲学术界讨论的热点。因为随着经济一体化的发展，欧盟国家的经济周期趋同不仅能检验一体化的实践效果，而且也能为欧盟未来的进一步发展奠定基础。

随着欧洲经济一体化的发展，欧盟国家的经济周期是否具有趋同性？经济一体化的政策对欧盟国家的经济周期具有哪些影响？当前欧盟国家的经济周期趋同效果怎样？欧盟新成员国与老成员国的经济趋同又有何异同？本书对上述问题通过系统分析给出了有价值的判断和结论。

本书探讨了欧盟老成员国的经济周期趋同特征及其原因，运用实证研究的方法对历史数据进行了分析，归纳出欧洲经济一体化不同发展阶段经济周期趋同的特征。作者研究了影响欧盟老成员国经济周期趋同的主要因素，深入分析对外贸易、统一货币政策和协调财政政策等因素对欧盟国家经济周期趋同的影响。作者运用计量模型归纳出欧洲经济周期的特征，分析了欧盟国家出口、投资和消费与经济增长的关系。与博士学位论文相比，本书还考察了欧盟东扩之后新成员国的经济趋同，比较分析了新成员国与老成员国经济趋同的特点、差异及原因；探讨了金融危机对欧盟经济趋同的影响，并对欧盟经济的发展前景作出了预测。

从学术研究的角度而言，本书有以下创新之处。

1. 采取规范研究与实证研究相结合的方法，不仅有传统的定性分析，更多的是以实证数据为基础的计量分析，在国内有关欧洲经济问题的研究方面具有前沿意义。本书使用大量翔实的第一手统计资料，通过最新的计量模型对欧洲经济周期趋同问题进行科学分析，从而提出创新的理论观点。

2. 系统考察欧洲经济一体化对欧洲经济周期趋同的影响，探讨欧洲经济一体化进程中不同阶段欧洲经济周期趋同的特征，应用关税同盟、统一市场和经济货币联盟的相关理论对欧洲经济周期趋同进行理论和实证分析，给出了欧洲经济一体化导致欧洲经济周期趋同的结论。

3. 定量分析欧盟的内部贸易政策、统一货币政策和协调财政政策对欧洲经济周期趋同的影响，从经济一体化政策与经济周期趋同的互动关系角度进行解剖，对不同政策对于经济周期趋同的影响程度作出判定，并据此对欧洲经济周期趋同的发展趋势提出看法。

4. 通过实证分析提出欧洲经济趋同过程中形成了以德国为中心的经济核心国家集团，并以这一集团为主导形成了欧洲经济周期的基本规律，即出口、投资和消费对于欧洲经济周期的影响和变动规律。

本书是作者从事学术研究工作的第一本个人专著，不足和稚嫩之处在所难免，但毕竟为其今后漫长、艰苦的学术生涯打下了坚实的基础。作为导师，我预祝她获得更多更好的学术成果。

王 鹤

2014 年 9 月 15 日

Contents 目录

第一章 总 论 / 001

第一节 选题的背景和意义 / 001

  一 问题的提出 / 001

  二 选题的意义 / 002

第二节 研究的方法论 / 006

  一 研究的方法 / 006

  二 数据来源与基本处理 / 007

  三 相关概念的界定 / 009

第三节 研究的思路和框架 / 011

第四节 主要创新点 / 015

第二章 经济周期理论研究文献综述 / 017

第一节 经济周期的成因理论 / 017

  一 传统经济周期理论 / 017

  二 当代经济周期理论 / 019

第二节 欧洲经济周期趋同及影响因素研究 / 022

  一 欧洲经济周期趋同研究 / 022

二　欧洲经济周期存在性研究 / 026

三　欧洲经济周期趋同影响因素研究 / 028

第三章　欧洲经济周期趋同的演变 / 035

第一节　欧洲经济周期趋同情况分析 / 035

一　1961～2013年欧盟经济增长情况 / 037

二　1985～2013年欧盟经济周期波动情况 / 041

三　1992～2006年欧盟经济周期趋同实证分析 / 050

第二节　欧洲经济一体化不同阶段的经济周期趋同 / 057

一　关税同盟时期欧洲经济周期趋同 / 059

二　统一市场时期欧洲经济周期趋同 / 065

三　经济货币联盟时期欧洲经济周期趋同 / 069

第三节　欧盟成员国经济周期与平均经济周期的差异 / 073

一　欧盟成员国的经济周期与平均经济周期波动 / 073

二　欧洲经济一体化进程中成员国经济周期波动趋同的阶段性特征 / 075

第四节　小结 / 078

第四章　欧洲经济周期趋同的影响因素 / 079

第一节　国际贸易增加对欧洲经济周期趋同的影响 / 079

一　国际贸易对经济周期影响的理论分析 / 080

二　欧盟的国际贸易对经济周期趋同的实证分析 / 083

三　欧盟贸易一体化与经济周期趋同的关系 / 088

第二节 统一货币政策对欧洲经济周期趋同的影响 / 093

　　一 货币政策对经济周期波动趋同的作用机理 / 093

　　二 欧元区统一的货币政策对经济周期波动趋同的实证分析 / 096

　　三 欧盟统一的货币政策与经济周期波动趋同的关系 / 102

第三节 协调财政政策对欧洲经济周期趋同的影响 / 105

　　一 财政政策对经济周期趋同的作用机理 / 105

　　二 财政政策对经济周期趋同的实证分析 / 109

　　三 欧盟财政政策趋同与经济周期趋同的关系 / 115

第四节 小结 / 116

第五章 欧洲经济周期趋同的特征 / 118

第一节 欧盟的经济核心国家集团 / 118

　　一 实证分析 / 118

　　二 欧盟经济核心国家集团的形成原因 / 123

第二节 欧洲经济周期波动的特征 / 128

　　一 出口、投资、消费对经济增长的作用原理 / 128

　　二 欧元区的经济周期传导特征 / 130

　　三 德国的经济周期波动 / 134

第三节 小结 / 136

第六章 欧盟新成员国经济趋同 / 137

第一节 欧盟新成员国的经济趋同 / 138

一　欧盟国家衡量经济趋同的方法 / 138

二　欧盟新成员国的名义趋同 / 140

三　欧盟新成员国的实际趋同 / 148

第二节　欧盟新成员国的经济趋同特征及原因 / 154

一　欧盟新成员国经济趋同特征 / 154

二　欧盟新成员国经济趋同状况分析 / 155

第三节　欧盟新成员国与老成员国的经济趋同比较分析 / 158

一　欧盟新成员国与老成员国经济趋同特点分析 / 158

二　欧盟新成员国与老成员国经济趋同存在差异的原因 / 161

第四节　小结 / 162

第七章　欧洲主权债务危机与欧洲经济趋同 / 164

第一节　欧洲主权债务危机概述 / 164

一　欧洲主权债务危机的演变 / 164

二　欧洲主权债务危机暴露出欧盟存在的问题 / 166

三　欧盟的应对措施 / 168

第二节　欧洲主权债务危机与欧洲经济失衡 / 171

一　欧盟对经济失衡概念的界定 / 171

二　欧洲主权债务危机与欧洲经济失衡 / 172

三　欧洲主权债务危机对经济趋同的影响 / 181

第三节　欧盟经济趋同前景 / 184

一　欧洲主权债务危机后欧盟国家经济趋同的趋势 / 184

二　欧盟经济前景展望 / 185
　第四节　小结 / 186

第八章　结论与展望 / 188
　第一节　本书的主要结论 / 188
　第二节　进一步研究展望 / 195

主要参考文献 / 197

后　记 / 213

第一章
总　论

第一节　选题的背景和意义

一　问题的提出

对于欧盟这样的超国家经济实体，成员国的经济周期趋同是欧洲经济一体化进一步发展的关键性问题。随着欧洲经济一体化程度的不断深入，欧盟各国间生产要素自由流动，商品贸易和金融交易迅速发展，欧洲各国经济周期是否趋同已成为欧洲学术界的热点问题。最近几年欧盟关于此问题的文献显著增多，特别是在进入经济货币联盟阶段之后，统一的货币政策对欧盟成员国经济周期的影响问题更是成为学术界争论的焦点。货币政策是国家的主要宏观调控手段，欧盟实行统一货币政策之后，各国只能使用统一的货币政策调控本国经济，这对各国的经济周期同步性提出了更高的要求。

本书尝试回答以下几个问题：欧盟国家的经济周期是否存在趋同的态势？随着欧洲经济一体化程度的加深欧洲各国经济周期是否更加趋同？欧洲经济一体化进程中的经济政策对成员国的经济周期趋同产生了怎样的影响？本书在国内外学术界有关经济周期问题研究成果的基础上，从理论层面分析了对外贸易、货币政策和财政政策对欧盟国家经济周期波动趋势的影响，并对欧盟成员国的对外贸易、统一货币政策和协调财政政策与经济周期趋同之间的关系进行了实证分析。

二 选题的意义

自从人类社会进入市场经济体制以来，各国的经济增长就呈现出周期性的变化规律。欧盟作为世界上最大、经济一体化发展最为成功的区域经济体，它的经济周期波动具有一定的独特性。本书将欧盟成员国经济周期的趋同问题作为选题主要基于以下几个方面的原因。

第一，经济周期及其趋同研究是宏观经济学的重要研究领域。

众所周知，各国的经济增长不是平滑发展的，而是呈现出高涨、衰退、萧条、复苏反复循环波动的过程。经济周期性波动是经济发展过程中不可避免的现象，经济周期的波动在不同程度上反映了一个国家、区域乃至世界的经济整体的发展状况和矛盾。经济增长的螺旋式上升和经济周期的循环往复，表明经济活动存在规律性，对这种规律的探索构成经济周期研究的核心内容。认识和掌握经济增长的周期性规律，对于促进社会经济均衡而有序的发展具有不可估量的意义。多年来，国际学术界对经济周期问题进行着不懈的研究和探讨，取得了丰富的研究成果。这些成果被有效地应用于各国具体的政策实践中，人们对社会经济周期及相关问题的认识日益加深。

随着经济国际化的发展及进程的加速，各个国家和地区的经济周期不仅表现为各自的波动特性，而且表现出经济周期的互动关系日益明显，经济周期趋同的研究愈益受到关注。一国经济的扩张和收缩通过国际贸易、国际投资和国际金融市场迅速传递到有关各国，使相关国家的经济也呈现出扩张或收缩。另外，世界范围内的技术进步，世界生产体系的形成和发展，世界金融市场的一体化，世界范围内的制度演化，使各国阻隔外部冲击的能力受到抑制，经济周期的趋同性日益增强。特别是随着区域一体化程度的加深，区域经济一体化组织内经济周期趋同性显著增强，区域之间则表现出明显的非趋同性。欧盟是区域经济一体化的成功典范。随着经济一体化程度的加深，欧盟形成了统一市场和单一货币，成员国之间的经济联系更为紧密，国家间的相互影响日益加深，欧盟整体的经济实力和政治声音在国际舞台上也发挥着越来越重要的作用。因此，在前人研究的基础上，以科学的理论为指导，探索欧盟的经济周期问题，显然具有重要的意义。

第二，研究欧洲经济周期趋同对于研究欧洲经济一体化的理论和实践具有深远意义。

欧洲经济周期趋同可以检验欧洲经济一体化的实践效果。半个世纪以来，欧洲联盟依次经历从关税同盟到统一市场再到经济货币联盟的发展，越来越多的经济政策制定主权由国家层面转移到欧盟层面。依据欧洲经济一体化的理念，经济一体化程度加深使得成员国之间经济联系渠道增多，各国的经济发展也将逐渐趋同。随着经济一体化程度的加深，成员国之间经济周期的同步性也应该增强；而只有在各国经济发展趋势接近的情况下，欧盟才可能成为一个真正意义上的经济统一体。因此，欧洲经济周期趋同也可以被认为是检验欧洲经济一体化的一个标准。本书从理论和实证两个层面论证了欧洲经济一体化的这一成果。

欧洲经济周期趋同是欧洲经济一体化进一步深化的理论依据。如果欧盟成员国经济周期具有趋同的特征，将使在欧盟成员国国内实行统一的政策变得更加容易。但是，如果经济一体化未能使成员国的经济发展更加趋同，那么欧盟政策的制定将不得不考虑成员国之间的差异，否则统一的政策将难以发挥预期的作用。近年来，随着欧洲经济货币联盟的建立，引起了更多的对在不同经济体实行统一货币政策利弊的争论。因此，欧洲经济周期趋同研究对于欧洲经济一体化的理论的发展和完善具有深远意义。

第三，经济周期趋同研究具有理论和现实意义，可以弥补我国在此研究领域的空白。

经济周期趋同研究具有重要的理论意义。首先，通过对欧洲经济周期趋同问题的研究，可以加深对诸多相关问题的讨论。经济周期问题涵盖面广，在研究过程中涉及国际贸易理论、货币经济学和财政学等相关理论。本书的研究工作不仅可以深化笔者的相关理论知识，而且可以为我国的欧洲经济研究增加一份文献，对我国学术界研究相关问题起到抛砖引玉的作用。其次，国内关于欧洲经济一体化的研究主要集中于对经济一体化进程的理论和政策研究，本书试图从经济学理论的角度理解欧洲经济一体化，尝试对欧洲经济一体化的经济学意义进行较为深入的分析。

经济周期趋同研究也具有一定的现实意义。首先，对欧洲经济周期趋同的研究有利于深化我国对欧盟的认知，这是我国与欧盟进行经济交往的前提条件。本书的研究是欧洲经济研究领域中的一个部分，欧洲经济研究的深化不仅有利于加深学术界对欧洲的了解，也有利于我国政府更为有效地制定面对欧洲的经济政策。从这个角度看，本研究具有一定的政策意义。其次，中国当前面临的很多经济问题和社会问题，在一定程度上是各地区经济发展差异化的问题，通过对欧洲经济周期的研究，可以作为中国解决经济发展过程中遇到的问题的借鉴。

第四，应用计量经济学进行定量分析是非常有意义的探索。

目前国内关于欧洲经济周期的研究文献不多，而且多数是以定性分析为主，定量分析很少。关于经济周期的研究包含着众多的实证数据，仅做定性分析的研究成果的参考价值是有限的，对欧洲经济周期进行实证研究具有现实意义。另外，由于目前仍然没有成熟的关于经济周期趋同问题研究的理论，对这一问题的研究更为有效的办法是进行实证研究。因此，本书不仅要对欧洲经济周期问题进行理论层面的探索，更重要的是进行实证研究，所以运用计量经济学进行定量分析是十分必要的。

鉴于上述原因，笔者认为，对于欧洲经济周期趋同的研究具有一定的重要性，选择欧洲经济一体化进程中的经济周期趋同作为本书的研究对象，无论从学术角度还是从实践角度，都是可行的而且是非常有价值的。

第二节 研究的方法论

一 研究的方法

本研究主要采用理论分析与实证分析、定性分析和定量分析相结合的方法，运用经济学和经济一体化的相关理论，借鉴现代经济周期理论的最新成果，运用规范分析方法来构建欧洲经济周期的理论模型和分析框架，并运用相关的实证分析对理论假设进行验证。本研究的实证分析以各种实证数据为基础，运用 EVIEWS 软件作为主要计量分析工具进行定量分析，主要运用回归分析、方差分析、聚类分析等方法，着重分析欧洲经济周期趋同的阶段性特征和国际贸易、货币政策、财政政策对欧盟成员国经济周期趋同的影响。

1. 实证分析和规范分析相结合

经济学的主要研究方法是实证分析方法和规范分析方法。实证分析涉及对经济现象的解释和预测，规范分析则研究应该如何做出经济决策。本书将实证分析与规范分析相结合，以期对欧洲经济周期波动及其影响因素做出合理解释。

2. 经济周期特有的研究方法

经济周期问题是宏观经济学的中心问题。长期以来数理分析方法在经济周期分析中被广泛应用，形成了诸多专门针对经济周期的研究方法。本书采用此类研究方法对欧盟国家的经济周期问题进行深层次分析。例如，首先采用滤波技术将经济增长的周期成分分离出来，作为经济周期的主要研究变量，运用方差等方法衡量经济周期趋同的情况；然后运用聚类分析和回归分析等方法，对经济周期波动的特征及其影响因素进行深入的分析。

3. **计量经济学的研究方法**

本书紧跟国外学术界关于欧洲经济周期问题研究的最新方向，不仅应用常规的相关系数、回归分析和方差分析等方法，还尝试在有关时间序列变量的研究中，运用国外的时间序列计量经济学的最新研究成果，把格兰杰因果检验等方法运用到欧洲经济周期趋同影响因素的研究中。

二 数据来源与基本处理

有关欧洲经济周期趋同以及影响因素的研究需要大量的数据。不同统计机构的统计方法和统计范围存在差异，所公布的数据也略有不同，而且这些数据存在名义值和实际值以及货币单位的差异，因此数据来源的一致性和准确性是非常重要的。为了确保欧盟成员国数据的可比性，本书在引用数据之前都对基础数据进行了必要的处理。

1. **数据来源**

本书采用的数据主要来源于欧洲联盟出版或公布的统计数据。具体包括：《欧盟经济评论》（The EU Economy Review）、《欧盟经济展望》（EU Economic Forecast）和《欧盟贸易统计月报》（External and Intra – European Trade Monthly Statistics）相关各期以及欧洲统计局网站数据库和欧洲中央银行网站。这些数据来源是目前研究欧洲经济问题的主要资料来源，也是最具权威性的资料来源。为了保证引用数据的统一性和权威性，本书的数据尽可能通过以上途径获取。各国历史利率等少数数据无法在上述文献中获得，采用的是各成员国国内的权威统计资料。书中所引用的数据都注明了相应的出处。

另外，笔者在德国学习期间还通过以下途径获取了一些统计数据：德国中央银行数据库、弗赖堡大学图书馆数据库、各国中央银行网站等；各国政府、非政府组织、研究机构网站提供的数据以及部分欧盟官方的资料。笔者尽可能全面地获取和分析关于此问题研究的数据和资料，以期做出最为合理的选择和应用。

2. 数据处理

为了研究问题的需要，本书首先对采用的原始数据进行了必要的处理。在关于成员国间经济周期趋同问题的研究中，经济周期趋同采用各国的以欧元计价的实际国内生产总值作为原始数据，经过 HP 趋势剔除（Hodriek – Prescott Detrending）[①] 后得到经济周期指数，将经济周期指数的方差用来计量经济周期的趋同程度。各国的贸易量以贸易占国内生产总值的比重来计量。实际利率由欧洲中央银行公布的名义利率和通货膨胀率数据结合相关公式计算得出。财政政策的趋同主要由国家间财政赤字、财政收入和财政支出分别占 GDP 比值的方差来表示。对基础数据的先行处理为全面有效地分析问题提供了良好的基础。

---

① HP 趋势剔除（Hodriek – Prescott Detrending），是假定时间序列数据由趋势成分和周期成分组成，通过趋势剔除得到周期成分，这一周期成分可以被用作研究经济周期的主要变量。目前，HP 趋势剔除法在学术界被广泛应用于经济周期研究。

三 相关概念的界定

1. 经济周期

从人类社会开始商品生产和货币交换以来,就存在不同程度的经济波动;但是只有从现代机器大工业建成以后,人类社会的经济活动才呈现出周期性波动,即经济周期。

1946年,美国经济学家伯恩斯(Arthur F. Burns)和米切尔(Wesley C. Mitchell)在《衡量经济周期》(*Measuring Business Cycles*)一书中对经济周期(Business Cycle)进行了定义:"经济周期是在主要以商业企业形式组织其活动的那些国家中所看到的总体活动波动形态。一个周期包含许多经济领域在差不多相同时间所发生的扩张,跟随其后的是相似的总衰退、收缩和复苏,后者又与下一个周期的扩张阶段相结合。这种变化的序列是反复发生的,但不是定期的;经济周期的长度在一年以上到十年、十二年不等;它们不能再分为性质相似的、振幅与其接近的更短的周期。"[1] 简言之,经济周期是发生在市场经济国家的一种宏观经济波动,它分为繁荣、衰退、萧条和复苏四个阶段,经济发展就是从繁荣到复苏的经济周期波动的不断重复。

由于经济周期研究可以通过总结经济运行规律来帮助人们预测未来的经济走势,因此学术界一直都很重视关于经济周期的研究。目前,对经济周期的研究主要集中于两个方面:一个方面是统计学

---

[1] 译文转引自陈宝森等译《美国经济周期研究》,商务印书馆,1993,第5页。英文原文见 Gordon, Robert, *The American Business Cycle – Continuity and Change*, Chicago, The University of Chicago Press, 1986。

和历史学研究，主要通过大量的现象和数据研究经济周期本身；另一个方面是对经济周期发生原因的研究，主要集中于选择适当变量和模型构造，说明产量、就业和物价等宏观经济指标的周期性波动。随着经济全球化和区域经济的发展，经济周期趋同问题也愈益受到学术界的关注。目前对这一问题的研究仍然处于初期阶段。经济周期趋同研究对于世界经济、特别是区域经济的发展具有不容忽视的作用。本书的研究将主要分析欧盟国家经济周期趋同性及其主要影响因素，即国际贸易、货币政策和财政政策对欧洲经济周期趋同的影响。

2. 经济周期协动性、同步性、相关性和趋同性

世界和区域经济周期的特征是学术界多年来研究的重点。这些研究主要包括对产出、消费、投资、就业、贸易等变量自身的连续性变化和相互之间关系的描述，包括时间序列的协动性（Co-movement）、同步性（Synchronization）、相关性（Correlation）、收敛性或趋同性（Convergence）等。

经济周期的协动性是两个或两个以上经济体的经济周期循环阶段在方向和波幅上表现出的一致性。

经济周期的同步性是美国国民经济研究局在经济周期研究的基础上衍生出来的，具体指两个或两个以上经济体的经济周期波动之间呈现出以同一频率波动的经济行为，即各国在经济周期的拐点和峰谷时点上表现出的一致性。由于协动性和同步性的含义相近，在计量上不容易准确地划分，因此不再严格区分这两个概念。

经济周期的相关性指各国经济波动与其他国家和世界经济波动的关联程度，即某一国家的经济波动在多大程度上会引起另一个国家或区域经济整体的变化。这是对经济周期同步性或者协动性的量化，主要用相关系数来衡量。

趋同性或收敛性指各国经济从非协动、非同步向协动、同步变化的趋势。

本书主要研究欧洲经济一体化进程中欧盟主要国家经济周期向协动性、同步性或非协动性、非同步性变化的趋势，即经济周期的趋同性或非趋同性。

第三节 研究的思路和框架

本书在国内外学术界关于欧洲经济周期趋同问题研究成果的基础上，沿着欧洲经济一体化的进程，探讨了欧洲经济周期波动变化的特征，分析了欧洲经济周期波动相互传递和趋同的机理，进而对国际贸易的增加和货币政策与财政政策的趋同对欧洲经济周期趋同性的影响进行了实证分析。

本书主要选取 14 个欧盟成员国[①]作为研究对象，主要分析统

---

① 欧盟 14 个成员国是 2004 年欧盟第五次扩大之前的主要成员国，包括比利时、丹麦、法国、德国、希腊、爱尔兰、意大利、荷兰、葡萄牙、西班牙、英国、奥地利、芬兰、瑞典。由于卢森堡的经济产出较小，而且难以获得研究所需的完整数据，因此本书的分析不包括该国。本书的研究对象主要是欧盟 14 个老成员国。最后，本书还用一章的篇幅分析了 2004 年之后新入盟的 12 个新成员国的经济趋同。12 个新成员国主要包括欧盟第五次和第六次扩大的新成员国，即 2004 年欧盟东扩的 10 个新成员国（波兰、匈牙利、捷克、斯洛伐克、斯洛文尼亚、塞浦路斯、马耳他、爱沙尼亚、拉脱维亚、立陶宛），以及 2007 年第六次扩大的新成员国（保加利亚和罗马尼亚）。本书没有包括 2013 年第七次扩大的新成员国（克罗地亚），因为其入盟时间较晚，尚不具备对其经济趋同研究的条件。

一市场、统一货币政策和协调的财政政策对成员国经济周期趋同的影响。首先对原始数据进行处理，采用1961~2013年欧盟成员国的实际国内生产总值作为衡量经济周期的原始数据，根据研究需要对样本区间的数据进行 HP 滤波分解趋势因素，通过公式计算得出表示经济增长中的周期因素的经济周期指数。然后运用回归分析和标准差等方法，比较分析欧洲经济一体化的不同阶段各国经济周期的趋同情况。根据欧洲经济一体化的进程，本书将经济周期指数数据主要分为三个阶段：关税同盟、统一市场和欧洲经济货币联盟，分别研究欧洲经济周期趋同在不同阶段的变化。

在对欧洲经济周期趋同阶段性特征研究的基础上，再分析贸易政策、货币政策和财政政策对经济周期趋同的影响。(1) 在贸易政策的分析中，主要分析出口贸易对经济周期趋同的影响。(2) 在货币政策的分析中，主要分析实际利率和广义货币增长率对经济周期趋同的影响，通过货币政策与经济周期的相关系数，比较1999年欧洲经济货币联盟成立之后统一的货币政策对经济周期趋同的影响。(3) 在财政政策的分析中，主要分析财政赤字、财政支出和财政收入对经济周期趋同的影响。运用聚类分析对1999年前后两个时间段的欧盟老成员国进行分组，分析欧洲经济周期趋同的特点，并进一步对欧洲经济周期趋同的规律进行探讨。

本书还探讨了2004年之后加入欧盟的12个新成员国的经济趋同，并比较分析了新成员国和老成员国经济趋同的差异、特征和原因。另外，本书也尝试分析了欧洲主权债务危机对欧盟经济趋同和发展的影响，并对欧盟未来的经济发展进行了展望。

在论文的结构上，本书的安排如下。

第一章，介绍本书研究的主要问题和选题意义，说明随着欧洲经济一体化的加深，研究这一问题的重要性；介绍了本书的研究方法和内容结构，并对所引用的相关概念进行了界定；最后对主要创新点进行了阐述。

第二章，根据经济周期理论的演进与发展，选取和介绍了一些与本书相关的有代表性的经济周期理论；对学术界关于欧洲经济周期趋同、影响经济周期趋同的因素的研究文献进行了归纳和整理，以期在前人研究的基础上继续研究。

第三章，分析了欧盟14个老成员国的经济周期趋同情况。首先分析了1985年至2013年欧盟国家经济周期波动的特点，研究发现欧盟经济周期趋同主要体现在20世纪90年代中期之后；接下来着重对1992年至2006年的经济周期的趋同情况进行实证研究，分析了在经济货币联盟建成前后欧洲经济周期趋同的变化情况；最后根据欧洲经济一体化的进程，分别讨论了经济一体化不同阶段中欧洲经济周期波动的特征。

第四章，详细研究了对外贸易、货币政策和财政政策对欧盟老成员国经济周期趋同的影响，研究对象是欧盟14个老成员国。对外贸易对经济周期趋同的影响主要考察的是欧盟老成员国之间的出口贸易增长对成员国经济周期趋同的影响。货币政策方面，主要选取实际利率和广义货币发行量（M3）增长率对经济周期趋同的影响。财政政策方面，主要研究财政政策趋同对经济周期趋同的影响。财政政策趋同分别用老成员国同一时期的财政赤字占国内生产总值比重的方差、财政支出占国内生产总值比重的方差、财政收入占国内生产总值比重的方差来衡量。本章主要是通过上述三个方面考察欧洲经济周期趋同的影响因素。

第五章，主要论述了欧洲经济周期趋同的特征和变化规律。运用聚类分析方法对欧盟14个老成员国的经济周期进行分组考察，分析是否形成了欧盟经济核心国家集团，并从欧洲经济一体化角度分析经济核心国家集团的形成原因；根据欧盟国家的出口、投资和消费三者之间的关系以及他们对经济增长的拉动作用，分析欧盟国家经济周期变化的基本特征和规律。

第六章，主要分析了欧盟东扩后12个新成员国经济趋同的情况。本章对新成员国的经济趋同研究主要包括名义趋同和实际趋同，归纳了新成员国经济趋同的特征及原因，并对新老成员国的经济趋同进行了比较分析。

第七章，主要探讨了欧洲主权债务危机对欧盟国家经济趋同的影响。本章分别对欧洲主权债务危机的发展、欧盟的应对措施以及危机对欧盟国家经济趋同的影响，进行了较为深入的分析。

第八章，对本研究得出的结论进行归纳和总结，并对下一步的研究进行展望。

本书采用理论和实证相结合的研究方法，探讨欧盟成员国的经济周期趋同性。在实证研究过程中，根据研究需要选取不同的研究对象。由于对经济周期趋同研究需要较长的历史数据，因此本书的实证研究对象主要是欧盟14个老成员国。其中，第三、四、五章的实证研究主要是对欧盟14个老成员国的经济周期趋同及其影响因素的分析，第六章的实证研究主要是对欧盟东扩后12个新成员国的经济趋同分析，第七章是对欧盟所有成员国的经济分析。

第四节 主要创新点

本研究尝试用实证研究的方法研究欧洲经济一体化，并应用相关的经济学理论对欧洲经济一体化进行定性与定量相结合的规范性研究。

1. 系统地考察欧洲经济周期趋同的阶段性特征

学术界对欧洲经济周期趋同问题的研究处于起步阶段，学者们对欧洲经济周期的趋同和存在性研究的结论仍然存在分歧，这一问题的研究成为当前的热点。随着欧洲经济货币联盟的建成和欧元的流通，欧盟经济周期趋同问题受到更多关注。本书通过理论与实证分析，系统地探讨了欧洲经济一体化进程中的不同阶段欧盟国家经济周期趋同的特征；应用关税同盟、统一市场和经济货币联盟的相关理论对欧盟国家经济周期趋同进行了理论和实证分析；并结合经济一体化发展阶段的相关经济政策对欧盟国家经济周期趋同的影响因素进行了深入探讨，为学术界对这一问题的继续研究奠定了基础。

2. 较深入地分析了国际贸易、货币政策和财政政策与欧洲经济周期趋同的关系

随着欧洲经济一体化进程的深入，欧洲学术界十分关注对欧盟经济周期趋同问题的研究，但是国内对这一问题的研究仍然是空白。本书将经济周期趋同作为研究的切入点，在分析欧洲经济周期趋同的阶段性特征的基础上，进一步考察国际贸易、货币政策和财政政策等经济一体化的政策因素对欧洲经济周期趋同的影响。

本书结合经济学理论和欧洲经济一体化的实践情况，选取对欧洲经济周期趋同具有影响的主要经济指标进行分析。在对外贸易方面，对外贸易的变化趋势以各国出口贸易占国内生产总值比重的均值来衡量，考察对外贸易变化趋势与经济周期趋同之间的关系。对于货币政策的趋同性，本书主要使用实际利率和货币发行量（M3）增长率分析其与经济周期趋同之间的关系。对于财政政策的趋同性，本书主要分析财政政策趋同与经济周期趋同的关系，分别就财政赤字、财政支出和财政收入的趋同对经济周期趋同的影响进行了分析。通过对这些经济变量与欧洲经济周期趋同的关系进行研究，分析欧洲经济一体化进程中协调程度不同的经济政策对成员国经济周期趋同的影响。

3. 采用定量分析方法分析欧洲经济周期趋同问题

随着欧洲经济一体化进程的深入，国内学术界对欧洲经济一体化进行了全面而细致的研究。然而，目前国内的相关研究主要是定性分析，定量分析较少，仅有的定量分析也大都是围绕经济增长的角度进行的，较少有从经济周期及其趋同的角度展开。

在对欧洲经济周期趋同进行实证分析之后，笔者得出结论：随着欧洲经济一体化的深入，欧盟成员国的经济周期呈现显著趋同；通过使用聚类分析发现欧洲确实已经形成一个经济核心国家集团，同时也存在距离经济核心国家集团较远的边缘性国家。这些对欧洲经济一体化的进展进行的量化分析，为欧洲经济一体化传统的定性分析提供了理论基础和事实依据，也对我国制定与欧洲相关的经济政策具有一定的参考价值。

第二章

经济周期理论研究文献综述

本章主要介绍具有代表性的经济周期理论,并对学术界关于欧洲经济周期趋同问题的研究成果进行梳理。

第一节 经济周期的成因理论

一 传统经济周期理论

传统经济周期理论,主要指20世纪30年代凯恩斯宏观经济学建立之前的经济周期理论。19世纪中叶至"二战",涌现出众多经济周期理论。1937年,美国著名经济学家哈伯勒受国际联盟(联合国前身)之托,对各种经济周期理论进行梳理,在《繁荣与萧条》一书中,对传统经济周期理论进行了归纳。

20世纪30年代以前,西方传统经济周期理论主要包括纯货币理论、投资过度论、消费不足论、农作物收获论、心理理论等理论。

"纯货币理论"认为经济周期是"一种纯货币现象",货币数量的增减是经济发生波动的唯一原因。如果可以使货币流动稳定,经济的波动就可以避免。这种理论的主要代表人物是英国经济学家霍特里(R. G. Hawtrey)。

"投资过度论"强调经济周期是由投资波动引起的,经济周期的根源在于生产结构的不平衡,尤其是资本品和消费品生产之间的不平衡。利率等因素有利于投资,促进了经济繁荣,但是资本品生产的增长是以消费品生产下降为代价,从而导致了生产结构失调。当经济扩张到一定程度之后,生产结构严重不合理,经济衰退就必然会发生。该理论的代表人物是哈耶克(Hayek)等。

"消费不足论"认为经济危机是进入资本主义经济后才出现的特有现象,原因是生产背离消费后导致的消费不足。由于大生产代替手工生产而使小生产者破产,以及厂商依靠降低工资来增强企业竞争力,共同导致了消费能力萎缩,最终由于个人消费不足而导致经济危机发生。该理论的代表人物是马尔萨斯(T. R. Malthus)和霍布森(J. A. Hobson)等。

"农作物收获论"认为农业收成的丰歉,以及气候和宇宙变化等外生因素是导致经济周期波动的主要原因。主要代表人物有 W. S. 杰文斯(W. S. Jevons)和穆尔(H. L. Moore)等。

"心理理论"强调心理预期对经济周期波动的决定作用。在经济周期的膨胀阶段,积极乐观的情绪导致了投资过度增长,进而推动了经济扩张;而当新产品投入市场之后,乐观受到现实的打击,经济周期开始进入收缩阶段,悲观情绪使得投资减少,进而导致经济收缩。这种理论的主要代表人物是庇古(A. C. Pigou)等。

除了上述几种经济周期理论之外，早期的经济周期理论还包括"外部因素论"。"外部因素论"认为经济周期的根源在于经济制度之外的某些事物的波动，例如太阳黑子、战争、革命、政治事件、金矿的发现、科学发明和进步等。这种理论的主要代表人物是英国经济学家 H. S. 杰文斯（H. S. Jevons）等。[①]

传统的西方经济周期理论从现象上对经济周期进行了解释，而马克思的"经济危机理论"则从本质上认识了经济周期的成因。马克思的经济危机理论认为，资本主义制度存在的基本矛盾，即生产的社会性和生产资料私人占有制之间的矛盾是经济危机的根源。经济危机爆发的直接原因是无限扩大的生产能力超过了市场上有支付能力的需求，生产的产品不能在市场上全部出售，从而导致了生产的急剧缩减和失业者的大量增加，导致社会经济秩序的混乱。至今，产生这一经济危机的基础仍然存在。[②]

二 当代经济周期理论

当代的经济周期理论起源于凯恩斯的《就业、利息和货币通论》，凯恩斯由此建立了宏观经济学，之后学术界对经济周期的研究进入了一个新的阶段，各种理论层出不穷。最具影响力的理论主要有凯恩斯主义经济周期理论、萨缪尔森乘数—加速数动态周期模型、理性预期学派经济周期理论、实际经济周期理论和新凯恩斯主义周期理论等。

[①] 董文泉等：《经济周期波动的分析与预测方法》，吉林大学出版社，1998，第29页。
[②] 刘崇仪等：《经济周期理论》，人民出版社，2006，第270页。

1. 凯恩斯主义经济周期理论

1929~1933年的经济危机对古典经济理论造成了冲击，同时产生了凯恩斯主义经济理论，经济周期理论正式进入经济理论体系。凯恩斯主义经济周期理论认为资本边际效率波动是导致经济周期波动的主要原因，资本边际效率的突然崩溃引发经济危机，经济扩张转变为经济紧缩。凯恩斯主义的经济周期理论主张财政政策是解决经济危机的主要手段，另外调控利率等货币政策对经济复苏也具有积极作用，因此为了缓解经济的大幅度波动，政府干预是十分必要和有效的。①

2. 萨缪尔森乘数—加速数动态周期模型

在萨缪尔森（Samuelson）之前凯恩斯对乘数原理作过充分论述，却没有分析过加速数原理。萨缪尔森将乘数原理和加速数原理结合起来，考察了它们相互作用的结果，并以此来解释经济的周期性波动。乘数—加速数模型，假设在一定时期国民收入发生变化，根据加速数原理，投资水平发生相应的变化，然后通过乘数效应造成收入水平的进一步变化；新的收入水平变化通过乘数效应造成收入水平的进一步变化；新的收入水平变化再通过加速数和乘数机制导致更进一步的收入变化，从而形成周期性波动。在萨缪尔森看来，乘数—加速数模型显示了一种类似钟摆运动的机制，外部冲击通过一种循环方式在经济内部绵延传递。②

3. 理性预期学派经济周期理论

理性预期学派的经济周期理论又称均衡经济周期理论，由卢卡斯

---

① John Maynard Keynes, *The General Theory of Employment, Interest and Money*, Harvard University Press, 1934. 约翰·梅纳德·凯恩斯：《就业、利息和货币通论》（重译本），商务印书馆，1999。

② 保罗·A. 萨缪尔森：《经济学》（第18版），人民邮电出版社，2008。

(Robet E. Lucas)、巴罗（Robert J. Barro）、萨金特（Thomas J. Sargent）等人提出。该学派认为，预期错误是经济周期波动的原因，预期错误可能是由外部的、不能合理预见的随机冲击（如货币供给变化、战争和粮食歉收等）所造成。由于货币当局采取不可预见的行为，导致单个经济体对相对价格的变化产生错误的判断，从而引起实际产出额和就业数量的波动。卢卡斯认为货币冲击是造成经济波动的根源，并认为最好的货币政策是固定规则的政策，而不是凯恩斯主义"相机抉择"的政策。理性预期学派的经济周期理论通过构建宏观经济学的微观基础对凯恩斯主义经济学进行了系统批判，并在一定程度上动摇了凯恩斯主义经济学。理性预期学派提出的固定规则与货币主义的"单一规则"没有区别，只是提供了系统的理论框架，弥补了货币主义的不足。[①]

4. 实际经济周期理论

20世纪70年代末以来，在卢卡斯等人为代表的理性预期学派的基础上形成了实际经济周期理论，这也是新古典宏观经济学的核心理论。实际经济周期理论的主要代表人是基德兰德、普雷斯科特（Kydland and Prescott）、朗和普洛瑟（Long and Plosser）。实际经济周期理论强调外生冲击的作用，认为导致经济周期波动的原因是随机的实际因素，即经济周期是由引起生产率增长波动的气候、人口、消费和技术等因素的变动而引发的。虽然理性预期学派也强调随机因素对经济周期波动形成的作用，但是理性预期学派更强调随机的货币因素。[②]

[①] 小罗伯特·E. 卢卡斯：《经济周期理论研究》，朱善利等译，商务印书馆，2012。

[②] 戴维·罗默：《高级宏观经济学》，商务印书馆，1999。

5. 新凯恩斯主义的经济周期理论

新凯恩斯主义经济周期理论是由斯蒂格利茨（Stiglitz）和曼昆（Mankiw）等人提出的。该理论认为总供给和总需求引起的冲击引发了经济波动，经济中的摩擦和不完全性可以扩大这种经济波动，最终导致实际总产出与就业率出现波动。新凯恩斯主义的经济周期理论解释了工资和价格黏性存在的原因，弥补了凯恩斯主义的缺陷，二者在结论上没有大的差异。另外，新凯恩斯主义还使用价格弹性和不完全信息等解释经济周期问题，开辟了经济周期理论研究的新思路。①

西方经济周期理论的争论主要是围绕内生性和外生性以及自由放任和政府干预展开的。虽然各个理论学派都具有一定的局限性，甚至存在明显的不足，但是这些理论均从不同的角度对现实世界的经济周期波动做出了解释，对经济周期问题的研究具有一定的贡献。各种理论在争论中相互融合，通过弥补自身的不足逐渐走向综合。

第二节 欧洲经济周期趋同及影响因素研究

一 欧洲经济周期趋同研究

最近几年，由于欧洲经济货币联盟成员国的经济增长率和通货膨胀率出现不同程度的分化，因而对于在欧洲经济货币联盟建成之后统一的货币政策是否促进了成员国经济周期趋同的问题，学术界存在广泛争论。由于没有适用于经济周期趋同研究的成熟理论，因

---

① N. Gregorg Mankiw and David Romer, *New Keynesian Economics*, The MIT Press, 1991；王健：《新凯恩斯主义经济学》，经济科学出版社，1996。

此对欧洲经济周期趋同的研究主要表现为实证分析。

近年来对这一问题的研究主要存在两种观点。一些观点认为欧洲经济货币联盟导致经济周期更加趋同。弗兰克尔和罗斯（Frankel and Rose）[①] 认为，一方面通过消除汇率风险和促使金融经济稳定，货币联盟将加强国家间的双边贸易；另一方面，国家间贸易量的增加将导致各国的需求冲击更为相似，相似的政策也使得政策冲击关系更为密切，最终将导致国家间经济周期的趋同。另外，席尔维茨和韦德（Schirwitz and Wälde）[②] 的研究表明，20世纪70年代以来欧洲经济周期逐渐趋同，特别是90年代之后经济周期趋同更加显著，然而某些欧盟成员国仍存在较大差异，如葡萄牙、瑞典、丹麦、英国、爱尔兰等国家的差异较大。阿尔蒂斯和张（Artis and Zhang）[③] 以及马斯曼和米切尔（Massmann and Mitchell）[④] 得出了类似的结论。他们认为，欧洲经济货币联盟（以及之前的欧洲货币体系汇率机制）促进了成员国之间经济周期的趋同，实证分析结果表明欧洲货币体系汇率

[①] Jeffrey A. Frankel and Andrew K. Rose, "The Endogeneity of the Optimum Currency Area Criteria", in *Economic Journal*, Vol. 108, No. 449, 1997, pp. 1009 – 1025.

[②] Beate Schirwitz, Klaus Wälde, "Synchronization of Business Cycles in G7 and EU14 Countries", in European Commission, *Economic Studies and Research*, October 2004.

[③] Artis, Michael J. and Zhang, Wenda, "International Business Cycles and the ERM: Is There a European Business Cycle?" in *International Journal of Finance and Economics*, No. 2, 1997, pp. 1 – 16.
Artis, Michael J. and Zhang, Wenda, "Further Evidence on the International Business Cycle and the ERM: Is There a European Business Cycle?" in *Oxford Economic Papers*, No. 51, 1999, pp. 120 – 132.

[④] Michael Massmann and James Mitchell, "Reconsidering the Evidence: Are Eurozone Business Cycles Converging?" in *Journal of Business Cycle Measurement and Analysis*, Vol. 1 (3), 2004, pp. 275 – 307.

机制建成之后,其成员国的经济周期相关性偏离美国而向德国靠近。

然而,也有一些研究持相反的观点,否认货币一体化对经济周期趋同的影响。1999年欧洲经济货币联盟建立,11个欧盟成员国正式启动欧元[1]。欧洲经济货币联盟的创立不断受到经济学家的质疑。例如巴克斯特和斯托克曼(Baxter and Stockman)[2]以及因科勒和哈恩(Inklaar and Haan)[3]的研究表明,统一汇率对经济周期趋同的影响并不显著,汇率稳定对经济周期趋同并无影响。还有一些以美国为例的研究表明,货币财政政策的协调程度的加深不能解释本国更高程度的经济周期趋同。因科勒和哈恩(Inklaar and Haan)[4]、卡马舒(Camachoy)等人[5]的研究结论甚至表明欧洲经济周期显示出不趋同的迹象。

克鲁格曼(Krugman)[6]认为货币联盟使得欧盟成员国经济周

---

[1] 目前欧元区有19个成员国。其中,希腊、斯洛文尼亚分别于2001、2007年加入欧元区,塞浦路斯、马耳他于2008年加入欧元区,2009年1月1日斯洛伐克加入欧元区,2011年1月1日爱沙尼亚加入欧元区,2014年1月1日拉脱维亚加入欧元区,2015年1月1日立陶宛加入欧元区。

[2] Baxter, M. & Stockman, A. C., "Business Cycles and the Exchange-Rate Regime: Some International Evidence", in *NBER Working Paper*, No. 2689, 1988.

[3] Robert Inklaar & Jakob de Haan "Is there Really a European Business Cycle?" in *CESifo Working Paper Series*, CESifo Working Paper No. 268, 2000, pp. 215–220.

[4] Jakob de Haan, Robert Inklaar, Olaf Sleijpen, "Have Business Cycles Become More Synchronized?" in *JCMS* Volume 40, No. 1, 2002.

[5] Maximo Camachoy, Gabriel Pérez-Quirós, Lorena Saiz, "Are European Business Cycles Close Enough to be Just One?" in *CEPR Discussion Papers* No. 4824. January 2005.

[6] Krugman, P., "Lessons of Massachusetts for EMU", in Torres F. and F. Giavazzi (eds.), *Adjustment and Growth in the European Monetary Union*, Cambirdge University Press, 1993.

期差异化。他承认货币联盟可以增加贸易流通,认为正是这种贸易关系集约化导致了经济专业化分工。当各国形成规模化的专业分工之后,各国的产业结构和经济规模差异增大,在面对共同冲击时各国受到影响的产业领域不同,因此导致经济周期差异化。那么,贸易增加是否导致国家之间差异化增大,进而阻碍了经济周期趋同呢?更多的研究结果是否定的。原因有二:其一,更多的贸易往来不一定增加经济的专业化分工;其二,经济发达国家之间的贸易往来集中于产业内贸易,这将不会导致更多的差异性冲击。

根据蒙代尔的最佳货币区理论[1],欧盟国家需要具有同质的经济周期,货币联盟才能产生净收益,例如既不能有非对称的外来冲击,也不能有不一致的经济周期传导机制。欧盟国家在多大程度上存在这些异质性问题,蒙代尔认为最具说服力的将是实证结果,而不是理论论述。尽管20世纪80年代和90年代将欧洲国家的经济一体化与美国和加拿大等国家相比较的研究迅速增多,但有些研究方法是存在争议的。然而,90年代初学术界达成一致,认为欧洲经济核心国家包括德国、法国、荷兰、比利时和卢森堡,奥地利不符合最佳货币区的标准,而更广范围则可以包括欧洲的外围国家。支持这一观点的还有艾肯格林(Eichengreen)[2]和巴尤

---

[1] 蒙代尔1961年提出的最佳货币理论认为,在差异较大的国家使用共同货币带来的利益并不能弥补丧失货币主权导致的成本,因此统一货币政策对经济增长可能具有不利影响。

[2] Eichengreen, B. "Should the Masstricht Treaty be Saved?" in *Princeton Studies in International Finance* No. 74, International Finance Section, Princeton University, December 1992.

米（Bayoumi）[①]等。总体看来，20世纪八九十年代的研究，比较一致的结论是欧洲经济货币联盟适用于欧盟6国，并非欧盟15国。

另外，20世纪90年代以来以美国为首的非欧盟国家与欧盟国家的经济周期变化差异较大。90年代，美国的新经济实现了连续10年的持续增长和扩张，而欧盟国家却经历了3个经济周期。这一时期欧盟国家经济周期形成的主要原因是：90年代初德国统一对德国的经济增长具有长期影响，德国不具备像美国一样通过发展信息产业实现经济长期持续增长的机会；欧盟国家的政策调整和改革，例如劳动力市场政策、财政政策的调整和经济改革，对经济周期的波动具有一定的影响。

二 欧洲经济周期存在性研究

欧洲经济货币联盟的建立引发了许多新的问题，其中之一就是欧洲联盟成员国是否具有共同的经济周期。因为如果经济周期差异较大不仅使得共同货币政策的执行困难重重，而且共同的货币政策可能对部分成员国产生消极影响。

一些研究表明，货币联盟形成本身就促进了成员国经济周期的对称。如果这一结论适用于欧洲经济货币联盟和欧洲货币体系

---

① Bayoumi, T and Eichengreen, B., "Ever Closer to Heaven? An Optimum Currency Area Index for European Countries", in *European Economic Review*, No. 41, 1997, pp. 761 – 770.

Bayoumi, T and Eichengreen, B., "Exchange Rate Volatility and Intervention: Implications of the Theory of Optimum Currency Areas", in *Journal of International Economics and Control*, No. 25, 1998, pp. 867 – 889.

的汇率机制，那么说明可能已经存在所谓的"欧洲周期"。阿尔蒂斯和张（Artis and Zhang）①通过经济周期的交叉相关分析（Cross-correlation Analysis）支持这一结论，克罗齐希和托罗（Krolzig and Toro）②也得出类似结论。阿尔蒂斯、克罗齐希和托罗（Artis, Krolzig and Toro）③运用马可夫转换向量自回归模型（Markov-switching vector autoregressive approach）进一步测量了欧洲经济周期。考夫曼（Kaufmann）认为欧盟国家已经具有共同的经济周期，随着时间的推移，欧洲经济周期表现得更加趋同。

还有一些研究表明，目前东扩后的欧盟国家不具有单一的经济周期。卡马舒、佩雷斯-基罗斯和塞斯（Camacho, Perez and Saiz）④通过对欧盟26个国家（不包括马耳他）和4个发达国家（美国、加拿大、日本、挪威）的分析，得出东扩后的欧盟成员国不具有单一的经济周期的结论。他们通过聚类分析将上述国家分成四个小组。欧盟核心成员国（2004年欧盟东扩之前的15个成员国）属于同一组，这些核心成员国的经济周期比较近似，匈牙利和波兰与欧盟15国具有较大差异。美国和加拿大等非欧盟成员国属于另一

---

① Artis, M. J. and Zhang, W., "International Business Cycles and the ERM: Is There a European Business Cycle?" in *International Journal of Finance and Economics*, No. 2, 1997, pp. 1–16.

② Krolzig, Hans-Martin and Toro, Juan, "Classical and Modern Business Cycle Measurement: The European Case", in *Economic Working Papers* at Centro de Estudios Andaluces, No. E2002/20.

③ Artis, Michael, Hans-Martin Krolzig, and Juan Toro, "The European Business Cycle", in *Oxford Economic Papers*, No. 56, 2004, pp. 1–44.

④ Camacho, Maximo, Gabriel Perez and Lorena Saiz, "Do European Business Cycle look Like One?" in *Journal of Economic Dynamics and Control*, 2006, Vol. 30, No. 9, pp. 1687–1706.

个小组，与部分北欧国家和西班牙、卢森堡相近似。欧盟东扩后的新成员国分散在四个不同的小组中，是所有国家中经济周期差异性最大的一个群体。

三 欧洲经济周期趋同影响因素研究

目前，关于欧洲经济周期趋同和欧洲经济周期存在性的研究较多，但是对于欧洲经济周期趋同的决定因素的分析较少。巴克斯特和考帕瑞萨（Baxter and Kouparitsas）[1]、安布斯（Imbs）[2]对发展中国家和发达国家采用大样本分析，发现贸易流动、专业化分工、金融一体化是影响经济周期趋同的最为重要的因素。然而，这一结论是以国家和时期的选择为基础的。

鲍尔和吉耶米诺（Böwer and Guilleminear）[3]将影响欧洲经济周期趋同的因素分为两类：一类是对经济周期趋同具有较强影响的传统因素，包括双边贸易占贸易总额的比例、双边贸易占国内生产总值的比例、经济分工、银行资产的双边流动；另一类是对经济周期具有相对较弱影响的因素，主要包括具有双向影响的政策和结构指标，即实际短期利率差异、名义汇率波动、财政赤字差异、价格竞争差异、证券市场差异、是否贸易联盟成员、地域差距等。在1980~2004年的所有样本区间内，双边贸易占总贸易额和国内生产

---

[1] Baxter, Marianne and Michael A. Kouparitsas, "Determinants of Business Cycle Co-movement: A Robust Analysis", in *NBER Working Paper*, No. 10725, August 2004.

[2] Imbs, Jean M., "Trade, Finance, Specialization, and Synchronization", in *The Review of Economics and Statistics*, MIT Press, Vol. 86 (3), 2004, pp. 723-734.

[3] Böwer, Uwe and Guilleminear, Catherine, "Determinants of Business Cycle Synchronization Across Euro Area Countries", in European Central Bank, *Working Paper Seires* No. 587, February 2006.

总值的比率、财政赤字差异和证券市场差异对经济周期趋同具有较强影响,经济分工和名义汇率波动对经济周期趋同具有较弱影响。其中:在第一时期(1980~1996年),双边贸易占总贸易额和国内生产总值的比率和财政赤字差异对经济周期趋同具有显著影响;在第二时期(1997~2004年),实际短期利率、贸易分工(特别是机械制造和运输设备)和证券市场差异对经济周期趋同具有较强影响。

根据对关于欧洲经济周期趋同影响因素的研究文献进行归纳和梳理,下面主要从对外贸易、货币政策、财政政策、劳动力市场四个方面对欧洲经济周期影响的研究文献进行综述。

(一)对外贸易对欧洲经济周期趋同的影响

一般来说,贸易被认为是影响经济周期趋同的最重要的因素。许多研究表明贸易联系对于国家间传导冲击,影响经济周期的同步性具有决定性作用。学术界对于国际贸易和经济周期波动之间的关系已经进行了广泛的研究,但是经济学理论对于双边贸易对经济周期趋同是否有影响仍存在争论。下面对近年来具有代表性的研究文献做进一步的回顾。

克鲁格曼(Krugman)认为,如果国家间的贸易是根据李嘉图的比较优势进行的,贸易的扩大将加强国家间的专业化分工,进而降低经济周期的趋同性。然而,新的贸易理论强调贸易更多的是发生在相同的产业领域内。如果产业内贸易占主导,贸易一体化对经济周期的同步性将具有积极影响;但是如果世界贸易联系的增强促进了各国生产的专门化,那么将导致各国的经济周期更具有独立性,当经济波动主要是由产业意义上的技术冲击引起时更是如此。

安布斯（Imbs）[1]认为，欧盟的产业内贸易居多，因此贸易增加将促进经济周期趋同。当国家间的贸易专业化分工差异比较小时，即国家间的专业化分工比较相似时，国家间的贸易主要体现为产业内贸易，有助于国家间经济周期的进一步趋同。希恩和旺（Shin and Wang）[2]根据对欧盟14个国家1977年至1999年间的数据分析，认为产业内贸易是欧盟国家间的主要贸易渠道，并对经济周期趋同具有积极影响。只有当国家间的产业内贸易占主导之后，加入货币联盟的成本才能显著减弱。弗兰克尔和罗斯（Frankel and Rose）[3]发现工业化国家间的贸易强度增加了经济周期的相关性。科埃和埃尔普曼（Coe and Helpman）[4]认为，贸易量增加将导致知识和技术产生溢出效应，它将导致更相似的供给结构，并因此将提高经济产出的对称性。

贸易增加是否能够增强经济周期同步性具有与货币联盟相关的重要的政策含义。罗伯特·蒙代尔[5]（Robert Mundell）提出，实施共同货币的主要成本是损失了货币独立性，特别是加入货币联盟的国家可能会由于牺牲了独立的货币政策而丧失稳定经济周期波动的能力。当非对称的宏观经济冲击成员国时，货币政策不能根据本国经济受到的

---

[1] Imbs, Jean M., "Trade, Finance, Specialization, and Synchronization", in *The Review of Economics and Statistics*, MIT Press, Vol. 86 (3), 2004, pp. 723 – 734.

[2] Kwanho Shin and Yunjong Wang, "The Impact of Trade Integration on Business Cycle Co-movements in Europe", in *Review of World Economics*, Vol. 141 (1), 2005.

[3] Frankel, J., and A. K. Rose, "The Endogeneity of the Optimum Currency Area Criteria", in *Economic Journal*, No. 108, 1998, pp. 1009 – 1025.

[4] Coe, D. T. and E. Helpman, "International R&D Spillovers", in *European Economic Review*, No. 39, 1995, pp. 859 – 887.

[5] Robert A. Mundell, "Theory of Optimum Currency Areas", in *The American Economic Review*, Vol. 51, No. 4, September 1961, pp. 657 – 665.

干扰而采取有效的调整措施。因此,在具有经济周期趋同特征的国家之间实行共同货币,其成本较小。为了发现有可能加入货币联盟的国家,有必要有意识地增进货币联盟成员国的经济周期的同步性。

综上所述,相关研究大都认为区域内贸易联系的增加及贸易一体化进程加快会促进这一区域内各国宏观经济波动的同步性,但是产业间贸易和产业内贸易对经济周期同步性的影响不同,日益紧密的国际贸易联系推动了更高的国际产业间贸易,导致了更高的产业专业化。因此,产业间贸易的增加最终将导致经济周期的同步性减弱,而产业内贸易量的增加则会促进国家间经济周期同步性的增强。

(二)货币政策对欧洲经济周期趋同的影响

关于货币政策与经济增长之间的关系,很多学者进行了相关研究,然而不同学派之间的观点差别很大。古典主义学者认为货币政策对实体经济增长的影响呈中性,即货币政策对经济增长没有影响,认为政府不应该用货币政策调控经济。凯恩斯主义认为当经济出现问题时政府应该主动运用各种宏观政策来调控经济,包括运用货币政策。实证分析似乎更支持非中性的观点,大多数的实证结果表明货币供给与经济增长存在某种相关关系。结论表明,政府应该运用货币政策干预经济增长,而且经济增长应该成为货币政策的一个目标。

一直以来,没有规范的模型可被应用于研究共同货币对欧盟成员国的经济周期的影响,1999年温和库(Wynne and Koo)[1]最先尝试了对这一问题的研究。他们认为可将美国作为欧洲经济货币联盟

---

[1] Mark A. Wynne and Jahyeong Koo, "Business Cycle Under Monetary Union: A Comparison of the EU and US", in *Economic*, No. 67, 1999, pp. 347-374.

的典范,将美国的经济周期研究方法试用于欧盟,分析货币联盟对欧盟 12 个成员国的经济周期趋同的影响。他们从经济产出、价格和就业三个方面进行了分析,结论是欧盟的 6 个创始成员国的经济活动相关程度显著高于后加入的成员国。另外,英国与美国经济活动的相关程度比欧盟其他任何成员国都更高。

阿尔蒂斯和张(Artis and Zhang)[①] 通过比较欧洲货币体系建立前后欧盟国家经济周期的变化情况,认为汇率的稳定将使欧洲经济周期的同步性增加。

(三) 财政政策对欧洲经济周期趋同的影响

达尔瓦斯、罗斯和绍帕里(Darvas, Rose and Szapáry)[②] 应用经济合作发展组织(OECD)21 个国家的近 40 年的年度面板数据,发现具有相似政府预算的国家倾向于具有相似的经济周期,即财政政策的趋同(政府赤字与国内生产总值的比值保持相似)具有更加趋同的经济周期。他们还发现降低财政赤字或增加财政盈余往往会增加经济周期的趋同程度。这是因为《马斯特里赫特条约》的"趋同标准"被作为允许进入欧洲经济货币联盟的衡量标准,有效地促进

[①] Artis, Michael J and Zhang, Wenda, "International Business Cycles and the ERM: Is There a European Business Cycle?" in *International Journal of Finance and Economics* No. 2, 1997, pp. 1 – 16.

Artis, Michael J and Zhang, Wenda, "Further Evidence on the International Business Cycle and the ERM: Is there a European Business Cycle?" in *Oxford Economic Papers* No. 51, 1999, pp. 120 – 132.

[②] Zsolt Darvas, Andrew K. Rose and György Szapáry, "Fiscal Divergence and Business Cycle Synchronization: Irresponsibility is Idiosyncratic", in *NBER Working Paper Series*, No. 11580, July 2005.

了成员国之间的财政政策趋同和赤字削减。它们通过减少国家制造特殊财政冲击的能力而间接地推动欧盟向最佳货币区发展,致使国家之间的经济周期具有趋同的趋势。

图里尼(Turrini)[①] 分析了欧元区国家 1980 年至 2005 年财政政策(政府的财政收入和支出)周期对经济产出的影响。他通过对财政政策在经济繁荣和萧条时期的分析,发现在其他因素保持不变的情况下,财政政策在经济繁荣时期是顺应经济周期的,而在经济萧条时期没有明显的顺周期行为;指出在经济繁荣时期的财政支出是欧元区顺周期经济产出的主要动力,而在经济过热的调整时期欧元区应当采取稳定的财政政策而不是忽略财政政策的作用。

施特尔(Staehr)[②] 比较分析了最初加入欧元区的 12 个成员国和后加入欧元区的中东欧国家的财政政策的周期特征,通过对 1995~2005 年这一时期的实证分析,结论是中东欧国家比欧元区成员国的财政平衡更具有惯性和反周期性,它们的差异主要体现在财政收入方面;但是随着时间的推移,双方的财政政策构成的差异正在逐渐减小。欧元区国家独立于经济周期和反周期的财政政策,对经济周期的变化仅有较小的影响或者没有影响,而对中东欧国家却具有显著影响。

(四)劳动力市场对欧洲经济周期趋同的影响

最近 20 年来欧元区国家失业率居高不下,尽管欧元区和美国的

[①] Alessandro Turrini, "Fiscal Policy and the Cycle in the Euro Area: The Role of Government Revenue and Expenditure", in *European Economy, Economic Papers*, No. 323, May 2008.

[②] Karsten Staehr, "Fiscal Policies and Business Cycle in an Enlarged Euro Area", in *CESifo Working Paper*, No. 1933, June 2007.

经济周期趋势较为相似,但是欧元区国家的失业率明显大于美国。因此,劳动力市场的表现与经济周期波动具有怎样的联系这一问题,日益受到学术界的关注。

纳吉和皮萨瑞德(Nagi and Pissarides)[1]认为,从长期来看,劳动力市场的参与率是经济产出动力的重要决定因素之一。基德兰德(Kydland)[2]的研究也得出了类似结论。普雷斯科特(Prescott)[3]认为,欧洲和美国人均国内生产总值的差异很大程度上是因为美国的劳动力市场参与度高。目前,对于劳动力市场参与率的短期波动是否对经济周期的模型具有显著影响仍然没有定论。夏默(Shimer)[4]证明了劳动力的进入和退出是解释就业和失业变化的决定性因素,并且认为在过去的10年中劳动力市场参与率波动对经济周期波动的影响并不大。

目前,关于欧盟劳动力市场对经济周期趋同影响的研究仍处于起步阶段,相关文献较少。因此本书将在对欧洲经济周期趋同分析的基础上,着重探讨对外贸易、货币政策和财政政策三个因素对欧洲经济周期趋同的影响。

---

[1] L. Rachel Ngai and Christopher A. Pissarides, "Trends in Hours and Economic Growth", in *CEPR Discussion Paper* No. 5440, April 2006.

[2] Kydland, Finn E., "Business Cycles and Aggregate Labor Market Ddynamics", Chapter 5, in *Frontiers of Business Cycle Research* (eds.: T. F. Cooley and E. C. Prescott). Princeton, New Jesey: Princeton University Press. 1995.

[3] Prescott, E. C, "Why do Americans Work so Much More Than Europeans?" in *Federal Reserve Bank of Minneapolis Quarterly Review* Vol. 28, No. 1, 2004, pp. 2 – 13.

[4] Shimer, R., "Reassessing the ins and outs of Unemployment", Presented at EFGS meetings, January 16, 2005.

第三章

欧洲经济周期趋同的演变

第一节 欧洲经济周期趋同情况分析

半个世纪以来,欧洲经济一体化取得了显著成果。欧洲联盟经历了从关税同盟到统一市场再到经济货币联盟的发展,越来越多的经济政策制定主权由国家层面转移到欧盟层面,统一经济政策的实施也将对欧盟国家的经济周期趋同提出更高的要求。近年来,随着欧洲经济货币联盟的建立,引起了更多对于欧洲经济周期是否存在趋同性的讨论。本章将主要对欧盟 14 个老成员国的经济周期的趋同情况加以分析。

20 世纪 50 年代,欧洲部分国家开始了经济一体化进程。1958 年欧洲经济共同体成立。1973 年随着布雷顿森林体系的解体和外汇自由浮动机制的建立,为了稳定欧共体成员国之间的货币汇率,1979 年欧洲国家建立了欧洲货币体系(EMS)。1986 年,欧共体成员国颁布了《单一欧洲法令》,为在欧共体内部实现商品、劳务、资本、人员自由流动提供了保证。1993年，欧共体内部统一大市场正式形成，并且根据《欧洲联盟条约》（即《马斯特里赫特条约》）欧洲联盟最终成立。从经济一体化的动态发展过程来看，其形式主要包括自由贸易区、关税同盟、共同市场、经济货币联盟等。而要实现经济货币联盟需要以统一的生产要素价格、共同的货币政策为基础，由此产生了对单一货币的需求。1992年，《马斯特里赫特条约》的签订将欧洲经济一体化推向一个新的高度，欧盟准备逐步建立欧洲经济货币联盟。这一计划于1999年得以实现，欧元诞生，欧元区国家的货币主权移交给欧洲中央银行，欧洲中央银行体系负责制定和实行欧元区各国的货币政策。2002年欧元全面取代欧元区成员国的货币，正式开始流通。目前欧元区由19个成员国组成[①]，2004年之后新入盟的13个新成员国一旦经济条件成熟也将加入欧元区[②]。

随着欧洲经济一体化程度的加深，经济政策的进一步融合，对成员国是否具有同步的经济发展也提出了更高要求。因为统一

[①] 18个欧元区成员国包括：奥地利、比利时、芬兰、法国、德国、爱尔兰、意大利、卢森堡、荷兰、葡萄牙、西班牙、希腊、斯洛文尼亚、塞浦路斯、马耳他、斯洛伐克、爱沙尼亚、拉脱维亚。

[②] 2004年5月1日欧盟进行第五次扩大，加入欧盟的10个中东欧国家包括：塞浦路斯、捷克、爱沙尼亚、匈牙利、拉脱维亚、立陶宛、马耳他、波兰、斯洛伐克和斯洛文尼亚。2007年1月1日，罗马尼亚、保加利亚加入欧盟，2013年7月1日克罗地亚加入欧盟。2004年之后欧盟新增的13个成员国中已有6个国家加入欧元区，分别是斯洛文尼亚于2007年1月1日加入欧元区，塞浦路斯和马耳他于2008年1月1日加入欧元区，斯洛伐克于2009年1月1日加入欧元区，爱沙尼亚于2011年1月1日加入欧元区，拉脱维亚于2014年1月1日加入欧元区，以及立陶宛于2015年1月1日加入欧元区，成为第19个欧元区成员国。

的货币政策只有在经济发展差异较小的国家才能够有效发挥作用。学术界普遍认为经济周期趋同程度是衡量各国经济发展差异的重要指标，大多数研究均采用这一指标。众所周知，各个国家的经济周期波动存在不同程度的差异，这种差异性存在的原因主要表现在以下两个方面。首先，各国受到不同的外部和内部经济冲击。每个国家面临的外部环境不尽相同，因此受到的外部冲击也就不可能完全一致。国家内部的经济结构和发展水平也存在诸多差异，这就导致各国的经济发展本身会产生不同的引起经济周期波动的动因。其次，同一冲击对各国的影响不同。这可能是由于面对共同的冲击，各国采取的政策不同，或者各国的产出结构和金融体制不同而导致的统一政策的传导机制不同，因此导致不同的政策效果。

一 1961~2013年欧盟经济增长情况

首先，可以通过图3-1观察1961~2013年欧盟14个成员国的经济增长情况。从欧盟50多年经济增长的总体情况来看，欧盟国家的经济周期呈现逐渐趋同的态势，1980年之后，除了爱尔兰以外其他成员国经济增长波动幅度的差距逐渐缩小，特别是20世纪90年代之后这种趋同情况更为显著。

爱尔兰的经济增长与其他国家的差异较大，具有内部和外部的原因。(1)受欧盟地区政策的影响，爱尔兰经济发展较快，相比而言，爱尔兰是将欧盟凝聚基金应用得最好的国家，充分发挥了凝聚基金对本国经济的促进作用。(2)爱尔兰注重高科技投资，通过科技促进经济增长的效果十分显著。(3)众多爱尔兰裔的美国人对爱尔兰大量投资促进了经济的快速发展。（4）爱尔兰实行的经济政策与美国较为类似，即将经济增长作为主要的经济目标，与欧盟以稳定为目标的经济政策差异较大。因此爱尔兰的经济增长速度较快，但是经济增长的波动幅度也较大。在欧盟国家内，爱尔兰的经济发展具有赶超效应，在很长时期内经济保持高速增长，其经济增长速度远高于欧盟其他成员国。然而，由于受到美国次级贷款危机的影响，爱尔兰2008年经济增长速度急剧下滑，2009年经济呈现负增长。

芬兰在20世纪90年代与欧盟其他国家存在一定差异，21世纪初期表现出较强的趋同性。其原因主要表现为，芬兰的经济增长在一定程度上依赖对苏联的出口，1989年苏联解体使得芬兰经济遭受重创。1991~1993年芬兰经济增长急剧下滑。1991年，芬兰国内生产总值负增长6.3%，[①] 受出口大幅度下降和经济衰退的影响，约四分之一的企业倒闭。在应对经济危机的过程中，芬兰政府增加对教育和科技研发的投资，并大力发展高科技，同时政府积极引导经济转型，终于使国家经济很快走出了困境。在随后的7年（1994~2000年）中，芬兰的经济高速发展，并完成了由工业社会向信息化社会的成功转型。20世纪90年代，芬兰企业诺基亚的成功，就是一个典范。更重要的是，芬兰分别于1995年和1999年加入欧盟和欧元区，在共同经济政策的引导下，芬兰对外经济联系从过去较多依赖苏联迅速转向欧洲大陆国家。芬兰是一个经济外向型国家，对外贸易已经成为国内经济增长的主要动力之一，欧盟国家是芬兰的

---

① European Commission, *The EU Economy 2002 Review*, No. 6, 2002, p. 289.

主要贸易国,年销售额超过国内生产总值20%的诺基亚产品主要销往德国等其他欧洲国家[①]。随着芬兰与其他欧盟国家贸易联系的日益紧密,芬兰的经济周期波动与其他欧盟国家表现得逐渐趋同(参见图3-1)。

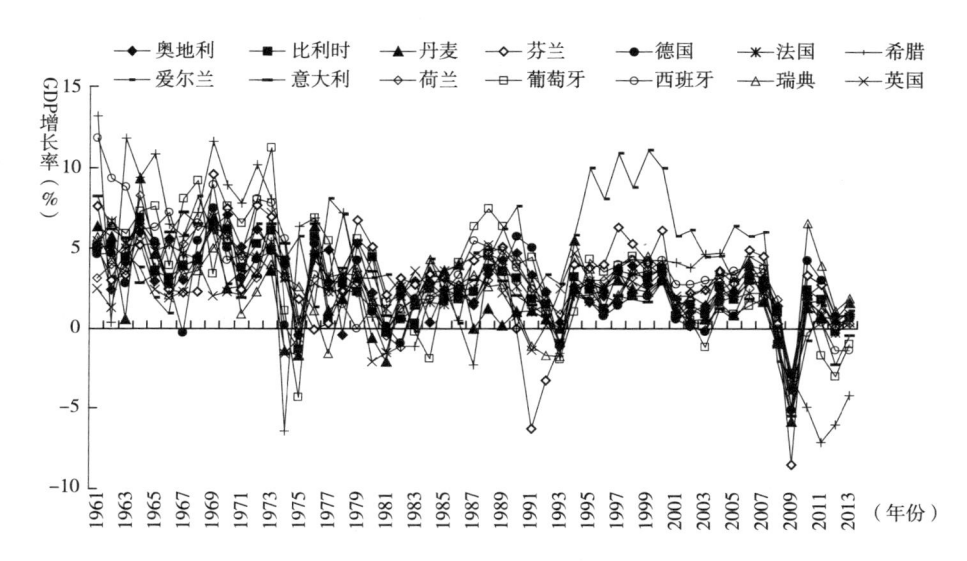

图3-1　1961~2013年欧盟14个成员国国内生产总值的增长率

资料来源:笔者根据 the EU Economy 2002 Review 和 EU Economic Forecast 2012 Autumn 的数据绘制。

如果集中考察欧盟中的德国、法国、英国、意大利、西班牙5个经济大国[②],可以发现这5个欧盟国家的经济增长具有愈益明显的同步性(参见图3-2)。这些国家的经济增长不仅波动幅度比较接近,而且经济增长波动的同步性逐渐增强,特别是20世纪90

---

① 诺基亚在芬兰经济中具有举足轻重的地位。诺基亚产品约占全球市场的30%,2002年它的年销售额占芬兰国内生产总值的22%,在诺基亚就业的人口占芬兰全国人口的1%。

② 这5个国家的国内生产总值占欧盟14个国家总体产值的70%以上。

年代以后的经济增长波动的差异性进一步减小。其中值得一提的是英国。英国奉行与美国相近似的政策,以经济的快速增长作为经济发展的主要目标,因此经济增长的波动幅度较大。如图3-2所示,英国经济增长波动幅度最大,而1996年之后英国与其他几个国家的差异明显减小。这主要归功于共同市场的建立和经济趋同标准对其经济发展的影响。一方面,共同市场的建立扩大了英国与欧盟国家的贸易往来,促使英国的宏观经济发展与欧盟其他国家的相似性逐渐增强;另一方面,更为重要的是,成员国为了加入欧洲经济货币联盟,促使本国经济的发展达到经济趋同标准的要求,有效地缩小了成员国之间经济发展的差距。

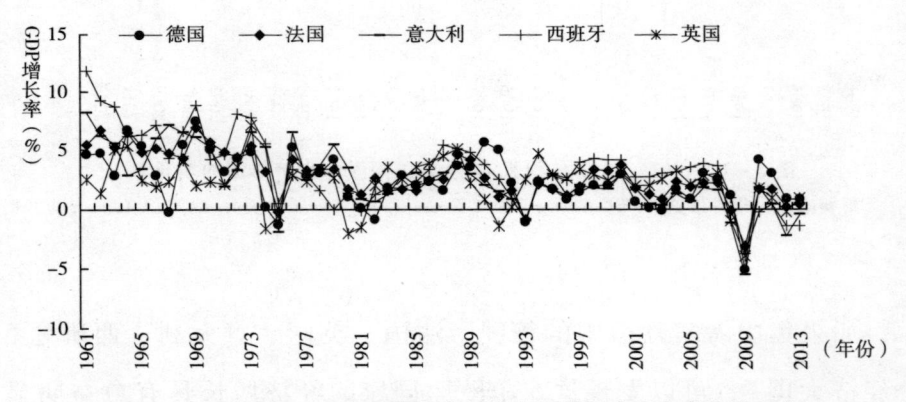

图3-2 1961~2013年欧盟5个经济大国的国内生产总值增长率

资料来源:笔者根据 the EU Economy 2002 Review 和 European Economic Forecast 2012 Autumn 的数据绘制。

总体看来,20世纪90年代之后是欧盟国家经济周期趋同性增强的典型时期,下面将着重分析1985年至2013年欧盟14国经济周期波动的趋同情况。

二 1985~2013年欧盟经济周期波动情况

(一) 经济周期的类型

根据经济周期时间跨度的长短,经济周期主要可以划分为以下四种类型。

第一种类型,基钦周期,即短周期。1923年美国经济学家基钦(Joseph Kitchin)提出经济活动存在有规律的短期波动,持续时间大约为40个月,这种经济波动与商业库存的变化有关。一般认为,基钦周期的波动主要是由于企业库存投资的循环而产生的,因此又可以称为"库存周期"。

第二种类型,朱格拉周期,即中周期。1862年法国经济学家朱格拉(Clement Juglar)提出。朱格拉周期是由失业和物价随设备投资的波动而发生变化,从而导致10年左右的周期波动,故又称为"设备投资周期"。

第三种类型,库兹涅茨周期,即中长周期。1930年美国经济学家库兹涅茨(Simon Kuznets)首先发现。建筑活动的循环变动是导致库兹涅茨周期产生的原因,又被称为"建筑周期",一个周期大约为20年。

第四种类型,康德拉季耶夫周期,即长周期。俄罗斯经济学家康德拉季耶夫(Nikolai D. Kondratieff)首先提出。技术进步和革新是康德拉季耶夫周期产生的原因,一般周期长度为50年至60年。[①]

这几类经济周期之间是具有联系的,可以进行综合分析。例

---

① 董文泉等:《经济周期波动的分析与预测方法》,吉林大学出版社,1998,第51~54页。

如，朱格拉周期约包括三个基钦周期，库兹涅茨周期约包括两个朱格拉周期。根据欧盟成立以来的时间长度，本书将把中短周期作为考察的对象。由于使用国内生产总值增长率衡量中短经济周期更为合理，因此本书主要以国内生产总值增长率来衡量欧盟及其成员国的经济周期。

（二）欧盟经济周期的波动情况

经济周期是国民经济扩张与收缩、波峰与波谷不断交替的过程，具体包括繁荣、衰退、萧条和复苏四个阶段，用以反映国民经济在动态增长中运行的起伏状态。理论界对经济周期的划分主要集中在经济增长或通货膨胀的波动上，比较有代表性的有以经济增长率（以国内生产总值增长率计算）的"谷—谷"法为依据；以经济增长率的"峰—峰"法为依据；以通货膨胀率的"谷—谷"法为依据等。由于以经济增长率的"谷—谷"法为依据的应用最为普遍，即按照国内生产总值增长率的时间序列的相邻谷底间的长度来度量经济周期，本书在下面的分析中使用这一方法作为划分欧盟及其成员国的经济周期的主要依据。

欧盟（及其前身欧洲共同体）成立以来，其经济增长始终是在上下起伏的波浪式周期运动中向前发展。为了保证研究数据的准确性和连续性，此处采用欧盟 15 国[①]作为研究对象。由于欧盟第 5 次扩大之前的 15 个成员国加入欧盟的时间并不一致[②]，而 20 世纪 80

---

① 2004 年欧盟东扩前的老成员国。
② 欧盟及其前身欧共体共经历了 7 次扩大。1957 年欧洲经济共同体和欧洲原子能共同体成立，由德国、法国、意大利、荷兰、比利时、卢森堡 6 国组成；1973 年欧共体第一次扩大，英国、丹麦和爱尔兰加入；1981 年第二次扩大，（转下页注）

年代中期以后这些国家多数已成为欧盟成员国,因此下面将集中考察 1985～2013 年欧盟总体经济周期波动的情况。本节将国内生产总值的年度增长率作为衡量经济周期的变量,并简称为欧盟经济周期。按照"谷—谷"法划分,1985～2013 年欧盟的经济周期共经历了 3 轮完整的经济周期① (参见图 3 - 3)。

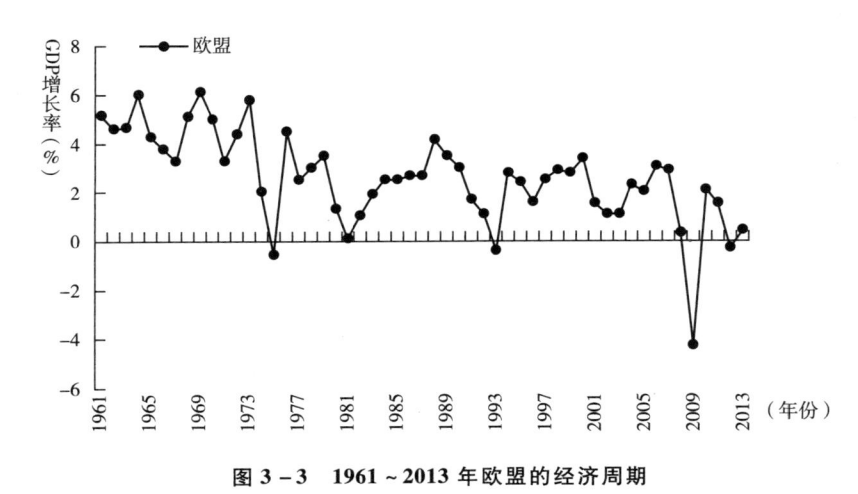

图 3 - 3 1961～2013 年欧盟的经济周期

资料来源:笔者根据 the EU Economy 2002 Review 和 EU Economic Forecast 2012 Autumn 的数据绘制。

欧盟经历的 3 轮经济周期:第 1 轮周期从 1985 年到 1993 年,历时 9 年;第 2 轮周期从 1994 年到 2002 年,历时 9 年;第 3 轮周期从 2003 年到 2009 年,历时 7 年。

(接上页注②)希腊加入;1986 年第三次扩大,西班牙和葡萄牙加入;1995 年第四次扩大,奥地利、瑞典、芬兰加入;2004 年第五次扩大,塞浦路斯、捷克、爱沙尼亚、匈牙利、拉脱维亚、立陶宛、马耳他、波兰、斯洛伐克和斯洛文尼亚 10 个中东欧国家加入;2007 年第六次扩大,罗马尼亚、保加利亚加入欧盟;2013 年第七次扩大,克罗地亚加入欧盟。

① 2010 年之后是第 4 轮经济周期的开始阶段。

总体看来，欧盟经济周期波动幅度逐渐趋缓。欧盟经济周期的波动幅度表现为第1个周期（1985～1993年）波动幅度较大，第2个周期（1994～2002年）波动幅度明显减小，第3个周期（2003～2009年）受金融危机影响波动幅度显著增大。例如，欧盟的第1个经济周期波动的波峰为4.2，谷底为-0.4；而第3个周期波峰为3.1，谷底为-4.3。总体来看，20世纪90年代中期之后到金融危机之前，欧盟经济周期的波动幅度较小，这一变化主要包括内部和外部两方面的原因。从内部来看，由于欧盟在90年代之后实行了《马斯特里赫特条约》和《稳定与增长公约》等以稳定增长为导向的经济政策，欧盟成员国为了顺利进入经济货币联盟而努力使经济发展达到经济趋同标准，并保持稳定增长。从外部来看，这一时期国际经济环境较好，世界经济在美国新经济的推动下平稳发展，因此欧盟整体经济发展也比较平稳。总之，20世纪90年代之后欧盟呈现稳定的经济增长。欧盟的3个经济周期时间长度分别为9年、9年、7年，平均经济周期长度为8.3年。

表3-1 1985～2009年欧盟经济周期波动

经济周期	年 份	经济增长率（%）
1	1985	2.5
	1986	2.7
	1987	2.7
	1988	4.2
	1989	3.5
	1990	3.0
	1991	1.7
	1992	1.1
	1993	-0.4

续表

经济周期	年　份	经济增长率（%）
2	1994	2.8
	1995	2.4
	1996	1.6
	1997	2.5
	1998	2.9
	1999	2.8
	2000	3.4
	2001	1.5
	2002	1.1
3	2003	1.1
	2004	2.3
	2005	2.0
	2006	3.1
	2007	2.9
	2008	0.3
	2009	-4.3

资料来源：笔者根据 *the EU Economy 2002 Review* 和 *EU Economic Forecast 2012 Autumn* 的数据编制。

（三）欧盟经济周期的波动特性

20世纪90年代中期之前欧盟经济周期波动的幅度较大，之后经济波动趋于平稳。1985～2009年，年度经济增长率的最高点（4.2%）出现在第一轮经济周期中（1985～1993年）。由于受金融危机影响，经济增长的最低点（-4.3%）出现在第3轮经济周期中（2003～2009年）。

1. **波动的性质**

根据经济周期的性质可以将经济周期划分为古典型和增长型经济周期。古典型经济周期指国民经济活动的绝对水平出现有规律的波动，其中波谷年份国民生产的绝对量一般表现为下降，经济增长率低于 0。增长型经济周期指国民经济活动的相对水平出现有规律的波动，其中波谷年份国民生产的绝对量不出现下降，经济增长率仍然为正值，经济增长速度表现为减缓。显而易见，古典型经济周期对国民经济的发展会产生消极作用。

总体看来，欧盟 1985 年至 2009 年存在 3 个经济周期。其中，第 1 轮经济周期属于古典型周期，这一轮经济周期在波谷年份的经济增长率为 - 0.4%；第 2 轮经济周期属于增长型周期，这轮经济周期在波谷年份的经济增长率仍然保持 1.1% 的增长；第 3 轮经济周期属于混合型经济周期，波谷年份的经济增长率为 - 4.3%，但这是由于金融危机的外来冲击作用造成的，不属于正常的经济周期波动，因此可以认为是一种古典型和增长型混合的经济周期类型（参见表 3 - 1、表 3 - 2）。

表 3 - 2　欧盟经济周期波动类型的性质（1985 ~ 2009 年）

经济周期	波谷年度	波谷时经济增长率（%）	周期波动性质
1	1993	- 0.4	古典型周期波动
2	2002	1.1	增长型周期波动
3	2009	- 4.3	混合型周期波动

资料来源：笔者根据表 3 - 1 的数据编制。

2. 波动幅度、波动系数、波动高度、波动深度及波动的平均位势

波动幅度和波动系数可以用来表示经济增长的平稳性。波动幅度指每个周期内经济增长率波动的离差，我们可以通过计算每一周期内经济增长率波峰与波谷的差额来近似地表示波动幅度，即振幅。波动幅度的绝对值表示经济周期波动的稳定程度，数值越小表示周期波动越稳定。波动系数是用来衡量国民经济实际增长率围绕长期趋势波动的幅度，表示相对幅度。用标准差和均值的比值表示，公式如下：

$$V = \frac{\sigma}{\bar{Y}} \qquad (3.1)$$

其中 V 是波动系数，σ 是标准差，表示实际经济增长率偏离长期经济增长趋势的波动幅度，$\bar{Y}$ 表示实际经济增长率的平均值。波动系数没有限定的取值范围，可以为正数也可以为负数，当波动系数的绝对值为 0 时表示没有波动，波动系数的绝对值较大表明经济的运行较为不稳定。平均位势可以表示每轮经济周期经济波动的整体水平，使用各轮经济周期范围内的平均经济增长率来衡量。

欧盟经济周期整体特征显示欧盟的经济周期波动属于低幅型波动和中幅型波动。欧盟第 1、2 个周期属于低幅型波动，第 3 个周期由于受金融危机影响，波动深度较大，表现为中幅型波动（参见表 3-3）。从平均位势来看，欧盟 3 个周期的平均位势为 1.9%，经济周期的总体差异不大，体现了欧盟经济运行有较好的稳定性。

表 3-3 欧盟经济周期波动的总体特征

周期序号	波峰年份	波谷年份	波动幅度[①]（%）	波动系数	波动高度（%）	波动深度（%）	平均位势（%）
1	1988	1993	4.6	0.6	4.2	-0.4	2.3
2	2000	2002	2.3	0.3	3.4	1.1	2.3
3	2006	2009	7.4	2.4	3.1	-4.3	1.1
3 轮平均	—	—	4.8	1.1	3.6	-1.2	1.9

资料来源：笔者根据表 3-1 的数据，结合公式（3.1）等计算结果编制。

3. 欧盟主要经济国家与欧盟平均经济周期的情况比较

由于欧盟成员国较多，本节将集中考察作为欧盟经济主体的 5

---

① 一般而言，波动幅度小于 5% 为低幅型波动，5%~15% 为中幅型波动，大于 15% 为高峰型波动。

个主要经济国家（德国、法国、英国、意大利和西班牙）的经济周期波动情况。结合图3-4和表3-4可以看出，1985~2013年欧盟和5个经济大国都经历了3轮经济周期，而且经济周期的时间跨度基本类似，表明欧盟主要经济国家的经济周期与欧盟平均经济周期同步性较好。特别是德国、法国和西班牙与欧盟的平均经济周期的同步性最好[①]，抵达波峰和波谷的时间也较为同步。整体看来，英国与欧盟平均经济周期同步性较好，只是英国的经济周期普遍比其他国家提前两年开始和结束，而且波动幅度比其他几个国家更大。意大利与欧盟的平均经济周期的时间跨度基本类似，但是在第2、第3个周期内意大利经济的小幅波动较多，波峰与波谷的位置不显著。因此，意大利的整体经济走势与欧盟平均周期大致相同；但是，由于在一个完整的经济周期内包括更多的小幅波动，导致意大利部分时期经济周期的波峰和波谷与欧盟平均经济周期同步性较弱。

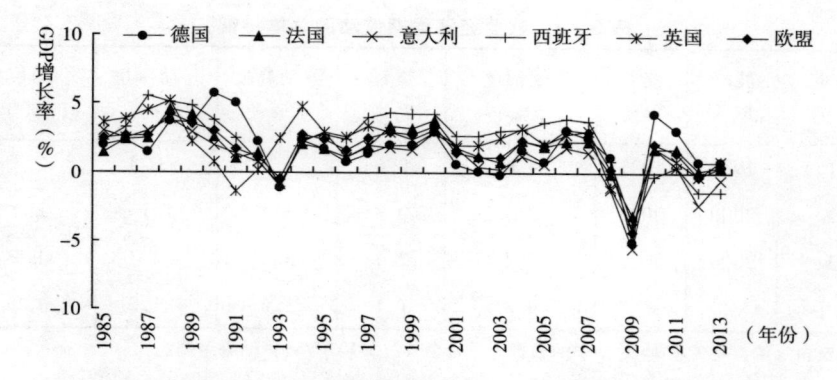

图3-4 欧盟及其主要经济国家的经济周期（1985~2013年）

资料来源：笔者根据 the EU Economy 2002 Review 和 EU Economic Forecast 2012 Autumn 等数据绘制。

[①] 尽管西班牙与欧盟平均经济周期的同步性较好，但是由于西班牙经济周期的位势较高，使得西班牙的经济周期趋同性受到一定程度的影响。

表 3-4　1985~2009 年欧盟和主要经济国家经济周期波动的总体特征

	第 1 个周期			第 2 个周期			第 3 个周期		
	波动幅度（百分点）	波动系数	平均位势（%）	波动幅度（百分点）	波动系数	平均位势（%）	波动幅度（百分点）	波动系数	平均位势（%）
欧盟	4.6	0.6	2.3	2.3	0.3	2.3	7.4	2.4	1.1
德国	6.8	0.7	2.8	3.1	0.7	1.4	8.1	4.5	0.7
法国	5.5	0.8	2.2	3.0	0.5	2.1	5.4	2.4	0.9
英国	6.6	0.9	2.7	2.7	0.4	2.7	7.2	1.9	1.3
意大利	4.8	0.7	2.1	2.6	0.5	1.7	7.3	-10.4	-0.3
西班牙	6.5	0.7	3.0	1.6	0.3	3.4	7.6	1.2	2.2

资料来源：笔者根据 the EU Economy 2002 Review 和 EU Economic Forecast 2012 Autumn 等数据，结合公式（3.1）等计算结果编制。

从波动幅度来看，欧盟 5 个经济大国的经济周期与欧盟平均经济周期的波动幅度也较为相似。5 个经济大国在 3 个周期内的波动幅度、波动系数和平均位势都比较类似，说明 5 个经济大国经济周期不仅同步，而且经济周期的波动幅度也具有较高的相似度。其中，英国在第 1 个经济周期内波动幅度和波动系数都比较大。总体来看，英国的经济增长速度快于其他国家，这与英国奉行高速经济增长的经济政策有关。

欧盟的 5 个经济大国的经济周期同步性较好，波动幅度也较为相似，它们与欧盟平均经济周期的走势相似度也较高。由于这 5 个国家的产值约占欧盟整体经济总量的 79%[①]，这几个国家对欧盟整体经济周期的波动具有主导作用，而且在主要经济大国的影响下，欧盟整体经济周期波动的同步性也比较好。

---

① 根据 The EU Economic 2002 Review 数据计算。

总体看来，1985年之后欧盟的经济周期可以分为三个周期，经济周期的性质以增长型波动为主，体现了欧盟经济运行的稳定性较好。欧盟的5个经济大国经济周期的同步性较好，波动幅度也较为相似，为欧盟整体经济的稳定发展奠定了基础。上述研究表明20世纪80年代中期之后欧盟成员国的经济周期波动呈现出较强的同步性，特别是90年代之后趋同性更加显著。

接下来将着重对20世纪90年代以来欧盟14个成员国的经济周期趋同情况作进一步的研究。

三　1992~2006年欧盟经济周期趋同实证分析

本节将尝试通过实证研究回答以下问题：随着欧洲经济一体化程度的加深，特别是欧洲经济货币联盟成立之后，欧盟国家的经济发展是否更加趋同？下面着重分析1999年欧元诞生前后，14个欧盟成员国的经济周期波动情况。本书采用1992~2006年实际国内生产总值[①]作为衡量经济周期的原始数据。首先，对这些数据进行Hodrick-Prescott滤波分解趋势因素，计算得出经济周期指数。该指数表示经济增长中的周期因素，在本书中被作为衡量经济周期波动的主要变量。然后，通过回归分析得出1999年前后各国与欧盟平均经济周期指数的回归系数，再根据比较前后两个时期回归系数的标准

---

① 用于衡量经济周期趋同的指标有实际国内生产总值、工业生产指数等，此处选用实际国内生产总值作为衡量经济周期趋同的指标。尽管工业生产指数具有数据量大（月度数据）、周期性等特点（Artis et al., 2003），但是欧元区整体以及部分地区的制造业占总产出的比重都不足20%，而且工业生产指数比实际国内生产总值具有更大的波动性（Hann et al., 2007）。因此，多数学者认为选择实际国内生产总值作为衡量经济周期的指标更好。

差来判断经济周期的趋同状况。

(一) 数据

对于经济周期的研究,一般是分离出经济产出的周期因素,将周期因素作为主要分析对象。本书选用实际国内生产总值的季度数据作为原始数据,该数据是以1995年价格为基准的季度调整数据。选取欧盟14个成员国作为研究对象,[①] 主要分析这些国家在1992~2006年间的经济周期趋同情况。欧盟14国实际国内生产总值的数据来源于欧盟统计局数据库。1999年1月1日欧元出台,欧盟国家进入经济货币联盟的第三阶段,开始实行统一的货币政策,因此本节将以1999年1月1日为分界线,将全部数据划分为两个阶段。1992~1998年为第一阶段,1999~2006年为第二阶段,比较分析货币政策对欧盟国家经济周期趋同的影响,即1999年之后欧盟统一的货币政策是否促进了欧盟国家的经济周期趋同。

(二) 数据处理

由于所采用的原始时间序列数据是不稳定的,在进行经济周期的测度和分析时,这些原始数据必须进行趋势剔除(Detrending)或滤波(Filtering)处理,以获得稳定的时间序列数据。研究实践证实,LT趋势剔除(Linear Detrending)、HP趋势剔除(Hodriek - Prescott Detrending)、RW趋势剔除(RW Detrending)、BN趋势剔除

---

① 欧盟14个成员国是2004年欧盟第五次扩大之前的主要成员国,文中简称为欧盟老成员国。包括比利时、丹麦、法国、德国、希腊、爱尔兰、意大利、荷兰、葡萄牙、西班牙、英国、奥地利、芬兰、瑞典。由于卢森堡的经济产出较小,而且难以获得研究所需的完整数据,因此本书的分析不包括这个国家。

(Beveridge - Nelson Detrending) 等方法是有效的时间序列数据处理技术, 而不同方法的选择取决于时间数据序列具有何种特性 (即时间数据序列是呈确定性趋势演变还是呈随机性趋势演变) 以及经济周期本身的真实特征。HP 趋势剔除技术适用于具有随机特征的时间序列数据处理, 并且对不同的经济周期类型具有较好的适应性, 因而在研究实践中被大量使用。

HP 趋势剔除, 是假定时间数据序列只由趋势数据成分 (Trend Data Component) 和周期数据成分 (Cycle Data Component) 构成, 并且趋势成分和周期成分是相互独立的, 其中趋势成分是随机的并且随时间平滑移动, 对趋势数据成分进行最小化的优化运算可以获得它的结果, 作为抵减项从总量数据中剔除, 进而可以获得周期数据成分。本研究遵循传统的研究方法, 使用 HP 趋势剔除技术对欧盟 14 国国内生产总值的均值进行滤波, 滤去其趋势分量, 得到其波动分量, 用此波动分量来表示欧盟 14 国的经济周期波动。

在 1992~1998 年和 1999~2006 年两个时期内, 本书分别使用 HP 滤波分解欧盟 14 国国内生产总值均值的趋势要素, 得出这一时间序列数据的趋势值。公式如下:

$$\min_{g_t}\left[\sum_{t=1}^{N}(y_t - g_t)^2 + \lambda \sum_{t=2}^{N-1}\left[(g_{t+1} - g_t) - (g_t - g_{t-1})\right]^2\right] \quad (3.2)$$

公式中, y 表示国内生产总值的增长率, g 表示国内生产总值的增长趋势。公式的第一部分表示经济增长的周期因素, 第二部分表示经济增长的趋势因素。根据经济增长的趋势值计算经济周期指数, 也就是本书用于分析经济周期的变化的主要变量。经济周期因素指数计算公式如下:

$$YC = 100 \times \frac{(X_t - trend_t)}{trend_t} \quad (3.3)$$

其中 X 是国民生产总值的原始数列，$trend_t$ 是根据（3.2）式计算得出的 t 期趋势值。根据（3.3）式计算得出经济周期指数，用 YC 表示。图 3-5 显示的是 1992 年第一季度至 2006 年第四季度欧盟 14 个国家的经济周期指数。其中均值表示欧盟 14 国的平均经济周期指数①，在图中用粗体圆点突出显示。

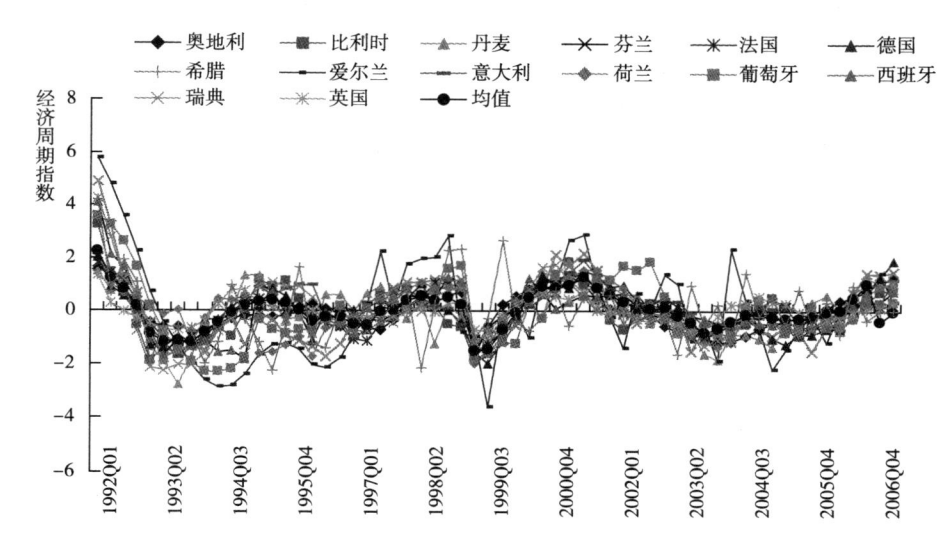

图 3-5　1992~2006 年欧盟 14 个国家的经济周期指数

资料来源：笔者根据欧盟统计局数据库的数据，结合公式（3.2）和公式（3.3）计算的结果绘制。

经济周期指数体现了各成员国经济周期的波动情况（参见图 3-5）。1992~2006 年，欧盟 14 个成员国经济周期指数围绕均值波动，除爱尔兰、希腊和葡萄牙少数几个国家波动较大以外，大部分国家经济周期与平均经济周期比较接近，特别是在 1999 年之

---

① 欧盟 14 国平均经济周期指数是用以欧元计算的 14 个成员国国内生产总值的均值作为原始数据，平均经济周期指数的计算过程与成员国经济周期指数的方法相同。

后成员国的经济周期更加趋同。但是，1999年之后，爱尔兰、希腊和葡萄牙三个国家仍然与均值偏离较大。由于这几个国家的国民生产总值占总体比重较小，分别为0.9%、1.3%和1.3%，因而对平均经济周期影响较小。而在欧盟经济中占主体的德国、法国、英国、意大利的经济周期波动比较集中，并且都是靠近均值的波动。因此，总体看来实行统一货币政策之后欧盟国家经济周期差异逐渐缩小。

(三) 实证分析

本节首先对每个国家经济周期指数与平均经济周期指数进行回归分析，然后比较各国不同时期的回归系数，分析成员国经济周期的趋同情况。本节的实证分析以1999年1月1日为分界线，将数据划分为两个时期，在两个时期分别使用公式 (3.4) 对14个国家进行回归分析，解释变量为14个国家的平均经济周期指数，被解释变量为各个国家的经济周期指数。回归方程如下：

$$YC_i = \alpha + \beta \times \overline{YC} \qquad (3.4)$$

其中 YC_i 表示第 i 个国家的经济周期指数，$\overline{YC}$ 表示欧盟平均经济周期指数。

回归分析结果如表3-5所示，表中数据是14个国家在两个时期分别与平均经济周期回归分析的回归系数。除希腊以外的所有国家的回归结果都能够通过 t 检验，而且拟合优度较高，表明回归分析的结果显著，能够较好地解释成员国与欧盟平均经济周期的关系。

结果表明，1999年之后大多数国家回归系数的差异减小，最大值为1.25，最小值为0.42[1]，差异明显小于第一时期的2.2和0.49，表明第二时期成员国的经济周期波动幅度更加收敛。希腊在第二个阶段回归系数较小，但是t统计值不显著，这主要是因为希腊在2001年加入欧元区，数据统计可能存在一些误差。因此，希腊的结果数据不显著，可以视作特例。另外，1999年之后，大多数国家的拟合优度都呈现上升趋势，第一时期的拟合优度最低为0.29（荷兰），第二时期除西班牙以外所有国家的拟合优度都有所增加，最低为0.34（爱尔兰），这表明欧盟的平均经济周期对各国经济周期的解释度提高。

表3-5 1992~2006年欧盟14个国家经济周期回归系数

序列	国家	回归系数	t统计值	回归系数	t统计值
		1992~1998年		1999~2006年	
1	奥地利	0.72	8.56	0.87	5.65
2	比利时	1.31	9.19	0.91	6.56
3	丹麦	0.96	4.63	1.16	6.80
4	芬兰	1.77	8.69	1.21	6.28
5	法国	1.03	11.49	0.96	14.70
6	德国	0.93	10.55	1.18	6.93
7	希腊[2]	1.22	3.77	0.07	0.28
8	爱尔兰	2.20	4.89	1.25	4.02

[1] 虽然希腊在第二个时期的回归系数为0.07，但是由于t统计值不显著，因此希腊的回归分析结果不能用于分析，由此第二时期回归系数最小值是英国的0.42。

[2] 由于希腊2001年1月1日加入欧元区，希腊的数据根据这一时间分为两个阶段。

续表

序列	国家	回归系数	t 统计值	回归系数	t 统计值
		1992~1998 年		1999~2006 年	
9	意大利	1.04	8.43	1.08	8.18
10	荷兰	0.69	3.26	1.25	10.06
11	葡萄牙	1.55	5.61	1.03	5.29
12	西班牙	1.54	9.31	0.61	6.38
13	瑞典	1.80	13.80	0.93	6.21
14	英国	0.49	6.38	0.42	4.96

资料来源：笔者根据研究结果编制。

可以通过比较两个时期回归系数的方差来判断成员国与欧盟平均经济周期之间的关系，方差较小表示成员国的经济周期较为趋同，方差较大则表示较不趋同。计算结果表明，第一阶段和第二阶段的回归系数方差分别为 0.49 和 0.34，第二阶段的方差更小，说明第二阶段成员国的经济周期更为趋同[①]。另外，从图 3-6 可以看出各国的回归系数在第二个阶段更加趋近于 1，说明第二个时期成员国经济周期波动更加趋近于欧盟平均经济周期的波动。因此可以得出结论，1999 年之后，欧盟国家的经济周期更加趋近于欧盟的平均经济周期，即成员国的经济周期表现得更加趋同。

通过比较分析 1999 年前后欧盟国家经济周期趋同的变化，可以初步得出结论：欧盟国家具有比较统一的经济周期；随着欧元的诞生，统一货币政策的实施，欧盟国家经济周期的趋同更加显著。

---

① 由于希腊在第二阶段的回归分析结果不显著，因此严格意义上应该剔除希腊后再计算回归系数方差。经过计算，第二阶段不包括希腊的回归系数方差为 0.25，小于 0.34，因此可以得出类似结论。

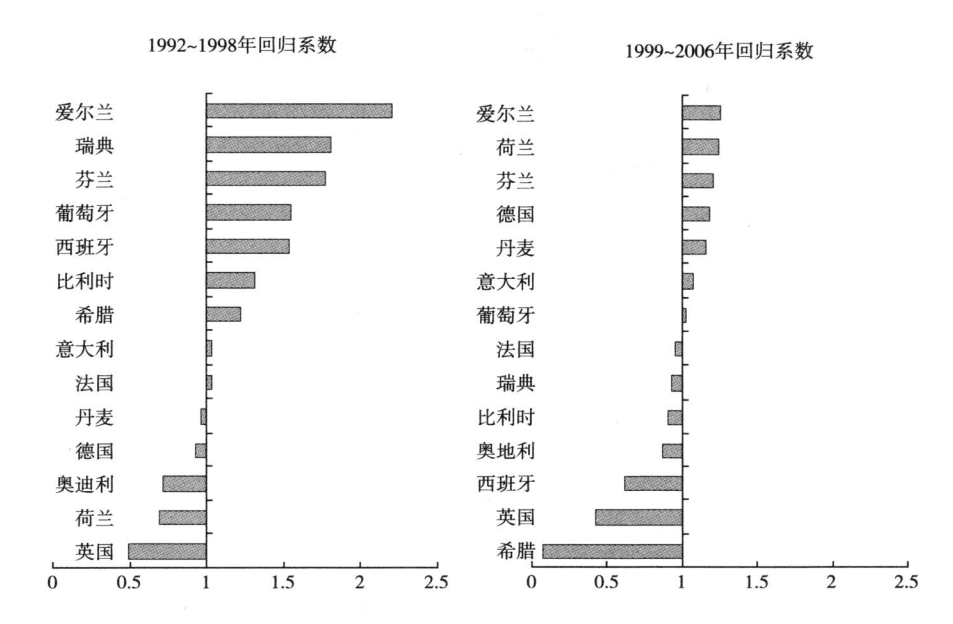

图 3-6 1992~2006年欧盟14个国家经济周期的回归系数

资料来源：笔者根据表3-5的数据绘制。

第二节 欧洲经济一体化不同阶段的经济周期趋同

欧洲经济一体化的实践是以经济一体化理论为基础的，下面就从经济一体化理论的角度分析欧洲经济一体化对欧洲经济周期趋同的影响。

关于经济一体化的概念，贝拉·巴拉萨在他的经典著作《经济一体化理论》中给出了过程与状态的定义，具有一定的权威性。他把经济一体化解释为："在日常用语中，一体化被定义为把各个部分结合为一个整体。在经济文献中，'经济一体化'这个术语却没有这样明确的含义。一方面，两个独立的国民经济之间，如果存在贸易关系就可认为是经济一体化；另一方面，经济一体化又指各国经济之间的完全联合。这里，经济一体化既被定义为一个过程，又被定义为事物的一种状态。作为一个过程，它包含着旨在消除不同国家经济单位之间的歧视；作为事物的一种状态，它表示各国国民经济之间不存在各种形式的歧视"。[①]

1961年，巴拉萨在《经济一体化理论》中将一体化程度划分为几个阶段，即自由贸易区（FTA）、关税同盟（CU）、共同市场（CM）、经济联盟（EU）、货币联盟（MU）、经济货币联盟（EMU）、完全的经济联盟（FEU）。其中前三个阶段主要是市场一体化，之后的较高阶段主要是政策一体化。这7个阶段具有共同的特征，即内部目标是在参与国之间消除经济歧视，外部目标是对第三国保持或引入某种形式的经济歧视。

在欧洲经济一体化的进程中，关税同盟、共同市场和经济货币联盟是欧洲经济一体化发展至今最为重要的阶段，欧洲经济一体化就是沿着这三个阶段逐渐深化的过程。由于关税同盟理论、共同市场理论和货币一体化理论是欧盟经济一体化理论最重要的理论框架，应用这些理论来分析欧洲经济周期的趋同性具有一定的意义，因此下面将分别从贸易一体化、货币一体化和财政政策协调三个方面分析欧洲经济一体化的进程。

欧洲经济一体化可以划分为贸易一体化和货币一体化两个层面。贸易一体化是欧洲经济一体化进程中的核心内容，主要包括关税同盟和共同市场两个阶段，货币一体化主要包括经济货币联盟阶段。下面就从关税同盟、统一市场和经济货币联盟三个阶段分别考

---

① 《新帕尔格雷夫经济学大辞典》，经济科学出版社，1996，第45页。

察欧盟国家经济周期波动的特征。

一 关税同盟时期欧洲经济周期趋同

（一）关税同盟的建立

根据关税及贸易总协定的定义，关税同盟是以一个单一关税边境取代两个或两个以上关税边境。它要求：对内，关税同盟成员国之间的一切贸易，完全取消关税和限制贸易的规章；对外，同盟的每个成员国实施完全相同的关税和其他贸易规章。由此可以看出，关税同盟的特点是对内取消关税，对外设置统一关税。欧洲共同体建立的关税同盟完全符合关税及贸易总协定对关税同盟的界定。《罗马条约》[①] 第 9 条第 1 款规定：共同体应以适用于一切货物贸易的关税同盟为基础。由此奠定了关税同盟的基础。关税同盟包括禁止在成员国之间征收进出口关税和具有同等效力的一切捐税，并在同第三国的关系上采取共同关税。

建立关税同盟是欧洲经济一体化的起点，主要目标是取消欧共体的内部关税和贸易限额，对外实行统一关税。早在 1952 年由欧洲 6 国签订的《欧洲煤钢共同体》协议中，就有对煤钢两项产品取消关税和进口限制、对外采取共同关税和贸易政策的规定。1957 年签订的《罗马条约》，确定从 1958 年 1 月 1 日至 1970 年 1 月 1 日分三个阶段削减成员国之间的关税，欧共体各成员国都采取了积极的支

---

① 1957 年 3 月 25 日，法国、德国、意大利、荷兰、比利时、卢森堡 6 国签订了《罗马条约》，规定建立关税同盟，废除阻挠人员、劳务和资本自由流动的各种障碍，实施共同农业政策，逐步协调经济和社会政策。1958 年 1 月 1 日《罗马条约》正式生效。

持政策。1966年第二阶段结束时，内部关税削减达到80%，超过了计划原定的60%。1968年7月1日，关税同盟正式建立，成员国间的关税全部取消，比原计划提前一年半完成。在取消内部关税的同时，欧共体成员国于1968年7月1日实现了工业品对外关税的统一，即以6国对外关税率的平均数作为对非成员国工业品的统一关税。

关税同盟的建立对欧洲经济一体化起到了促进作用。首先，促进了欧共体内部的相互贸易和经济发展，减少了对外部市场的依赖。关税同盟产生的贸易创造和贸易转移使得成员国之间的贸易以年均16.5%的速度迅速增长。1958年共同体成立之初，共同体的进口额和出口额分别为121亿和120亿欧洲货币单位，1970年分别增加到735亿和827亿欧洲货币单位；1958年成员国间贸易占共同体进口额和出口额的比重仅为33.8%和33.5%，1972年上升到52.7%和53.4%。[1] 此外，由于建立了共同的关税同盟，共同体的出口总额占国内生产总值的比重由20世纪60年代的19.2%增加到70年代的25.0%和80年代的28.4%。[2] 其次，促进了成员国之间的国际分工和生产专业化发展。欧共体内部关税和贸易限额的消除使得成员国之间的竞争加剧，各成员国在竞争中逐渐形成某种产品的竞争优势。随着专业化生产和国际分工的深化，成员国间的经济联系也更为紧密，从而为经济一体化向纵深发展创造了条件。最后，促进了成员国的经济增长和经济周期趋同。关税同盟的建立加

---

[1] 数据来源：European Commission, *External and Intra-European Trade Monthly Statistics* 1958 – 1982, pp. 60 – 65。

[2] 数据来源：European Commission, *the EU Economy* 2002 *Review*, No.6, 2002, p.341。

速了资本和生产的集中，有效提高了生产效率，成为各国经济增长的共同因素。毋庸置疑，关税同盟的建立使得欧洲经济一体化的发展迈进了一大步，并且对未来的发展奠定了基础。

(二) 关税同盟与欧洲经济周期趋同

关税同盟是欧洲经济共同体的核心，关税同盟理论也是欧洲经济一体化的核心理论。美国经济学家 J. 瓦伊纳提出了关税同盟理论，这一理论至今仍然是分析区域经济一体化效应的主要依据。他提出用"贸易创造"和"贸易转移"衡量关税同盟的实际效果。一国加入关税同盟后，将面临贸易创造和贸易转移两方面的影响。贸易创造，是指在关税同盟内部实行自由贸易后，国内成本较高的产品被伙伴国成本较低的产品所替代。这些产品原来由本国生产，现在改为从伙伴国进口，由此"创造"出了新的贸易。该国由于把原来生产高成本产品的资源转向生产较低成本的产品，从而获得利益。贸易转移是指关税同盟对外实行统一的关税率后采取歧视政策，减少从第三国的进口而改为从伙伴国进口。只有综合衡量贸易创造和贸易转移给成员国带来的经济效益，才能客观地判断关税同盟对欧盟国家经济的影响。

欧共体成员国之间通过不同的层次和渠道，从关税同盟的建立中获得了深远的政策效应，对成员国的宏观经济发展构成一定的影响。关税同盟的建立对成员国经济周期趋同的影响主要表现为以下几个方面。

第一，关税同盟产生了贸易创造效应和贸易转移效应，使得欧共体的区内贸易显著增加。共同体的贸易主要包括共同体成员国之间的区内贸易，以及共同体成员国同其他国家的区外贸易。关税同盟机制集中体现了欧盟的对外贸易政策，具有区域性和排他性的特点。因此关税同盟建立之后，非成员国和成员国之间的贸易缩减，成员国之间的贸易比区外贸易具有更强的优势，这就导致了区内贸易的增长。1958年至1970年，共同体成员国的贸易额一共增加了6倍，成员国之间的贸易比重从30%增加到50%，平均产值增加了70%[①]；到2001年，欧盟国家间的贸易约占欧盟对外贸易总额的60%。由此可见，在区内，关税同盟的正效应明显大于负效应。关税同盟的建立，通过区内贸易的显著增加为欧洲经济一体化奠定了扎实的基础。随着成员国间经济的相互渗透，成员国的宏观经济波动联系更加紧密，经济周期波动也表现得更为趋同。

第二，成员国之间的贸易发展促进了共同体整体经济发展水平的提高。欧洲共同体的关税同盟建成之后，成员国之间的贸易迅速发展导致国家间的经济联系也随之增强。随着贸易量的增加，成员国在实际经济运行中逐渐形成了专业化分工生产，通过规模经济等方式提高生产效率，从整体上促进了成员国的经济发展。另外，共同体内一些较小的国家，如比利时、卢森堡和荷兰等国，原来就是以德国为主要贸易伙伴，关税同盟建立后，使得这些国家之间的贸易进一步增强，各国的经济增长也快速增加。例如，1960年至1970年，欧盟成员国国内生产总值年平均增长率分别为：德国8.4%、法国10.2%、意大利10.5%、荷兰10.6%、比利时8.5%和卢森堡7.7%，这些国家的经济增长率均高于美国的增长率（7.1%）。[②] 欧

---

① 数据来源：European Commission, *External and Intra-European Ttrade Monthly Statistics 1958 – 1982*, pp. 60 – 65。

② 数据来源：European Commission, *the EU Economy* 2002 *Review*, No. 6, 2002, pp. 282 – 283。

盟国家经济增长率之所以高于美国具有多方面的原因，但是建立关税同盟是最主要的原因。总之，随着贸易的发展，各国的经济发展水平逐渐提高，成员国之间的宏观经济发展的差距逐渐缩小，成员国间的经济周期差异具有减小的趋势。

第三，关税同盟有利于推动科技发展和生产要素流动。关税同盟的形成促使新的科技成果在成员国内广泛推广，在此基础上，国际竞争的压力又会推动科技的进一步发展，促进生产要素的顺利流动。因此，在关税同盟条件下，随着科技的发展和推广，贸易伙伴国之间的科技水平的差异逐渐缩小。另外，科技的进步可以有效地提高生产水平，改善产品结构。随着成员国之间发展水平的接近和产品结构的趋同，成员国之间的贸易将由传统的产业间贸易逐渐转变为产业内贸易，而产业内贸易的发展是国家间促进经济周期波动趋同的主要因素。因此，随着科技的发展和传播，有助于成员国之间的经济周期呈现趋同的态势。

通过上述分析可以看出，由于关税同盟的建立，使得成员国之间的经济联系更为紧密，各国的经济周期波动具有更为相似的趋势。

（三）关税同盟时期欧盟国家的经济周期趋同

欧洲经济共同体建立的最初十几年，正值"二战"后经济长期高速增长时期，即20世纪50、60年代的经济黄金时期，欧共体的6个成员国经济一体化发展相当顺利。60年代末关税同盟正式建成，关税同盟建立期间欧共体国家经济快速增长，经济周期的波动幅度较大。关税同盟建成之后，成员国经济周期的波动幅度逐渐趋于平稳（参见图3-7）。

根据欧盟整体经济的周期指数，可以看出欧共体成员国的经济周期围绕欧共体平均经济周期[①]波动，其中德国与欧共体平均经济周期指数的波动基本相似。其他成员国与欧共体平均经济周期的偏离较大（参见图3-7）。由此可以看出欧共体成员国的经济周期主要以德国为主线，其他国家的经济周期围绕德国波动。

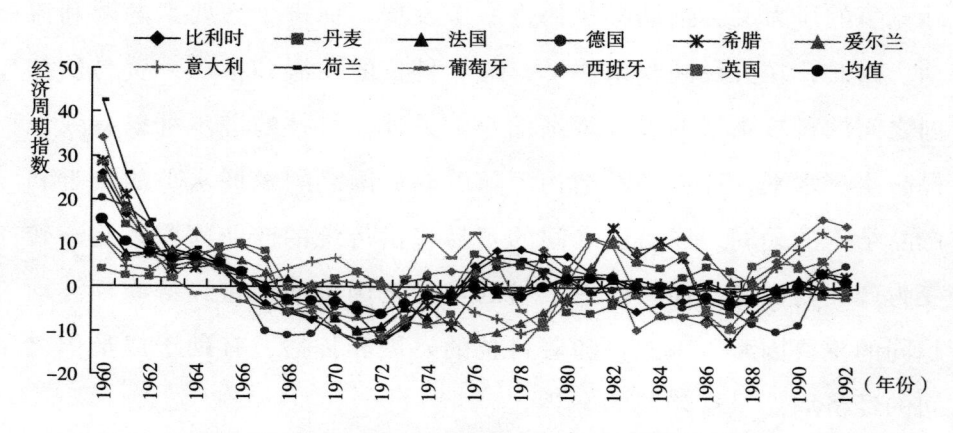

图3-7 1960~1992年欧盟部分成员国经济周期指数[②]

资料来源：笔者根据 the EU Economy 2002 Review 和 EU Economic Forecast 2008 Autumn 的数据，结合公式（3.2）和公式（3.3）计算结果绘制。

整体看来，欧共体国家在关税同盟的建立过程中，经济周期波动较为同步；但是受到1971~1973年和1978~1986年美国经济危机的影响，成员国在这两个时期的经济周期波动差距明显扩大。20

---

① 此处的欧共体平均经济周期是由1992年之前的11个欧共体成员国国内生产总值的均值，应用HP滤波计算得出的经济周期指数来衡量。11个成员国包括比利时、丹麦、法国、德国、希腊、爱尔兰、意大利、荷兰、葡萄牙、西班牙、英国。由于奥地利、瑞典、芬兰于1995年才加入欧盟，所以对于关税同盟的研究不包括这3个国家。

② 此图包括1992年之前加入欧盟的11个欧盟成员国。

世纪 80 年代中期，欧共体决定建立统一大市场，特别是在 1985 年确定了内部大市场的基本内容之后，成员国的经济周期波动才开始逐渐呈现趋同的态势。

二 统一市场时期欧洲经济周期趋同

(一) 统一市场的建立

关税同盟实现后仍然存在诸多问题，关税同盟建立之后欧洲共同体的市场并没有真正实现统一。因为内部关税虽然已经被取消，却被各种公开与不公开的非关税壁垒所取代，成员国市场仍然处在割裂的状态，成员国之间的商品自由流通没有真正实现。为了进一步消除成员国之间的贸易障碍，使成员国从经济联合中获得更大的利益，也为了加强欧盟与美国和日本竞争的经济实力，欧共体在 20 世纪 80 年代中期提出了 1992 年底建立内部统一大市场的目标，旨在完善内部市场，实现商品、劳务、资本和人员的自由流通。1985 年的《关于建立内部市场的白皮书》和 1986 年的《单一欧洲法令》确定了内部大市场的基本内容。

建立内部大市场的基本目标，是在 1992 年 12 月 31 日之前采取必要措施逐步实现内部市场。即在共同体内形成一个没有边界的地区，在该地区内按条约规定实行商品、人员、劳务和资本的自由流通。建立内部大市场的核心内容是消除市场障碍。这些障碍根据性质可分为以下三类。第一，有形障碍（或物质障碍）。即海关、边界检查、进口限制等障碍。这些延缓了商品的过境速度，阻碍了人员自由流动。从 1988 年 1 月 1 日起，撤销了各成员国边境上的海关，用共同的边界检查站代替各国的边境检查站，简化商品过境手续，消除对旅行者的管理等。第二，技术障碍。欧共体协调影响成员国商品自由流通的标准，制定统一的安全、卫生、检疫条例以及统一的产品标准和技术标准。第三，税收障碍。欧共体建立税务清算系统，逐步统一增值税和消费税，消除因各国商品税率不同而造成产品成本的差异。

统一大市场于1993年1月1日如期建成。大市场的形成，促使成员国经济政策趋向统一，进一步促进了共同体经济一体化的发展。这不仅促进了成员国的经济发展，而且推动了超国家经济实体的发展。

（二）统一市场与欧洲经济周期趋同

欧盟建立的统一市场，是在商品市场一体化的基础上，进一步消除成员国之间阻碍生产要素流动的障碍，实现区域内商品、资本、劳动力和服务的自由流通。1993年建立的统一市场，是世界上最大的内部市场，旨在有效地使生产资源在共同市场内得到重新配置，提高经济效益。根据欧洲委员会的资料，统一市场建设为欧盟带来了大约1.1%至1.5%的经济增长，创建了30万到90万个工作岗位[①]。它的潜在能量很大，到目前为止仍然没有完全发挥出来。

统一市场对成员国的经济周期趋同的影响主要包括以下几个方面。

第一，统一市场有助于获得规模经济效益。共同市场内部生产要素可以自由流动，因而便于生产资料的集中使用。所以，当共同市场内某个成员国在某种产业上具有比较优势时，它将有充分的物

---

① 资料来源：http://www.europarl.europa.eu/factsheets/310en.htm。

质条件来发挥这种优势。随着优势产业的形成，各国之间贸易往来更为稳定和频繁，各国之间的经济依赖加深，宏观经济波动也将变得更为接近。

第二，统一市场有助于改善竞争条件，提高生产力。建立共同市场之后，一方面由于实现自由贸易，另一方面由于生产要素自由流动，使各成员国面临的竞争空前激烈。如随着欧洲共同市场的发展，各国企业都大力推进设备现代化、生产过程合理化，加强了企业之间的联系与合作，使欧洲共同体各国形成了一个经济增长的新高潮。

1993年1月1日，统一市场建成以来，其效应已经逐步地释放出来。对于成员国内部，体现在统一市场降低了贸易成本。在1992年以前的跨国界交易的交易成本和运输成本每年大约是750亿埃居，而市场统一后，这部分的成本每年就节省了50亿埃居，相当于欧盟每年的全部贸易额的0.7%[1]。另外，还体现在成员国之间的内部贸易进一步增加。由于成员国具有临近的地理位置，而且随着成员国商品和生产要素的自由流通，以及成员国间贸易享有相当的优先权和便利，由此产生的统一市场的贸易创造和贸易转移效应，进一步促进了欧共体内贸易的发展，成员国之间的经济联系变得更加密切。1995年，在欧盟区域内的贸易占其成员国对外贸易总额的比重为69.9%，同期北美自由贸易区区域内贸易占其成员国对外贸易总额的比重仅为33%，这一比重在亚洲地区为49.7%。[2]

---

[1] Monti, M., *The Single Market and Tomorrow's Europe*, London: Koran, 1996.

[2] Canova, Fabio and Dellas, Harris, "Trade Interdependence and the International Business Cycle", in *Journal of International Economics*, Elsevier, Vol. 34 (1), February 1993.

(三) 统一市场时期欧盟国家的经济周期趋同

统一市场建立之后,欧盟国家经济增长趋于平稳(参见图3-8),国家间经济周期波动的同步性进一步增强。与关税同盟时期相比,这一时期成员国的经济周期波动明显减小,特别是在1997年之后,成员国经济周期波动的波幅减小,而且各国的经济周期波动的同步性明显增强。这主要是因为统一市场对各国经济发展的凝聚作用初步得到体现,特别是1993年《马斯特里赫特条约》制定的趋同标准对各国的约束作用显现,因此各国的经济周期波动明显趋同。

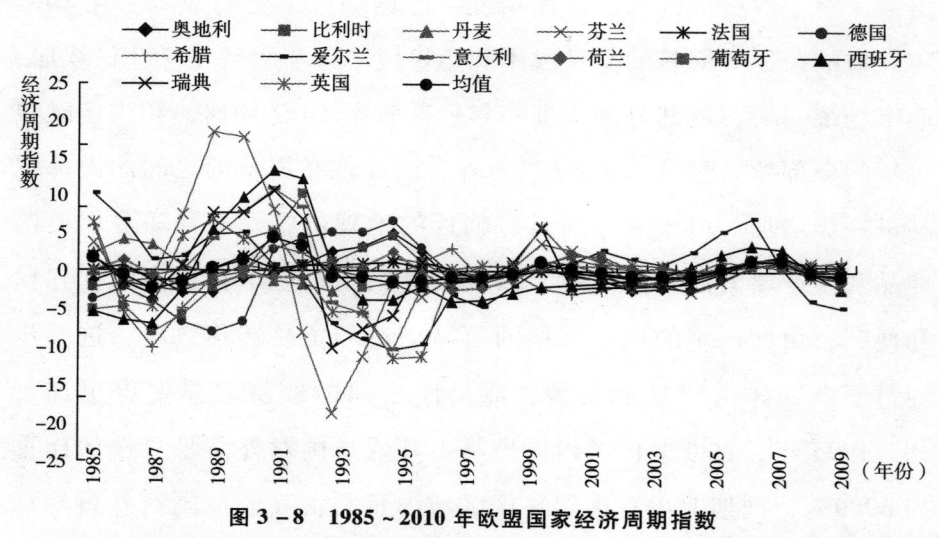

图3-8 1985~2010年欧盟国家经济周期指数

资料来源:笔者根据 the EU Economy 2002 Review 和 EU Economic Forecast 2008 Autumn 的数据,结合公式(3.2)和公式(3.3)计算的结果绘制。

1997年之前,部分国家与平均经济周期偏离较大,主要包括芬兰、西班牙、瑞典、英国、爱尔兰、希腊、德国。其中,芬兰在20世纪90年代中期之前波动幅度较大是受到苏联解体等因素的影响;

21世纪初期至今芬兰的经济增长与欧盟平均水平明显趋同,其原因在本章的第一节有较为详细的论述,在此不再赘述。此外,瑞典于1995年加入欧盟,入盟之前瑞典与欧洲大陆国家的经济波动差异较大,1997年之后在欧盟统一经济政策和趋同标准的约束下,经济周期波动与欧盟平均经济周期明显接近。英国、爱尔兰的经济政策与美国相近,与欧洲大陆国家差距较大,因此经济波动也表现出较大的差异性。德国于1989年实现统一,国内经济增长受到一定程度影响,因此其经济周期波动与平均经济周期偏离较大。

三 经济货币联盟时期欧洲经济周期趋同

(一) 经济货币联盟的建立

尽管统一大市场如期建成,但是距离统一大市场所要求的四大要素的完全真正自由流通还存在一定的差距。随着欧洲经济一体化程度的加深,成员国之间的贸易日益增加,对经济一体化又提出了更高的要求。由于商品市场和资本市场的自由流动受到货币差异的限制,货币统一随即成为欧洲经济一体化面临的一个主要问题。

20世纪70年代初期,欧洲联盟提出了建立经济货币联盟的计划,要求实现货币一体化。1979年建成了欧洲货币体系。1987年欧洲单一文件生效将建立欧洲经济货币联盟提上议事日程。《马斯特里赫特条约》于1992年2月7日签署,并于1993年11月1日正式生效。《马斯特里赫特条约》的实施意味着欧洲联盟继续推进经济货币联盟的建设。1999年1月1日欧元的正式启动,使欧共体的货币一体化发展到一个新的阶段。欧盟从支持商品自由流通的关税同盟,发展到支持要素自由流通的共同市场,并通过建立经济货币联盟实现了更深层次的统一大市场，同时也提高了欧盟在国际经济中的实力。

《马斯特里赫特条约》规定经济货币联盟分三个阶段建成。第一阶段是从1990年7月1日开始，主要任务是与统一市场建设工作保持一致，加强经济和货币政策的协调合作，取消外汇管制，允许资本自由流动，所有成员国都纳入欧洲货币体系的汇率机制并实施相同的波动幅度。第二阶段开始于1994年1月1日，建立欧洲货币局，在货币和金融管理方面赋予一定权力，为建设欧洲中央银行、实现统一货币准备条件，制定所需的规章和程序；逐步缩小汇率波动幅度，避免法定汇率的调整；促进埃居的使用并扩大其功能。在第一、二阶段，各成员国应使经济状况尽可能达到条约规定的趋同标准，向经济形势最好的国家靠拢。第三阶段开始于1999年1月1日，建立欧洲中央银行和欧洲中央银行体系，成员国货币之间的汇率固定下来，统一货币欧元正式启用，欧洲中央银行执行统一货币政策。2001年12月31日之前的过渡期内，欧元只是账面货币。2002年1月1日，发行欧元纸币和硬币，与各国货币同时使用，但各国开始从流通领域回收本国货币。2002年3月，各国货币停止流通，欧元成为唯一的法定货币。

《马斯特里赫特条约》为加入经济货币联盟的国家规定了5项趋同标准：通货膨胀率不能超过通货膨胀率最低的三个国家的平均率的1.5个百分点；长期利率不能超过通货膨胀率最低的三个国家的平均利率的2个百分点；货币汇率必须在此前两年的时间里保持在汇率机制允许的幅度内，并且没有贬值；政府年度预算赤字不能超过国内生产总值的3%；公共债务不能超过国内生产总值的60%。另外，为了帮助西班牙、葡萄牙、爱尔兰和希腊等较为贫穷的成员国达到趋同标准，1993年共同体启动凝聚基金以提供发展援助。凝聚基金主要来自共同体的结构基金，并通过《马斯特里赫特条约》规定的凝聚基金赠款加以补充。

欧洲货币一体化，指欧洲经济共同体各成员国在货币金融领域进行协调与合作，结为一个统一体，最终建立一个统一的货币体系，实质是成员国为了在货币金融领域的多方面合作而组成的经济货币联盟，实现成员国的货币一体化。货币一体化具有三个基本特征。（1）汇率统一。成员国货币之间实行固定汇率制，对外则实行统一的浮动汇率。（2）货币统一。货币联盟发行单一的共同货币。（3）机构统一。在共同体层面建立共同的货币管理结构，实行统一的货币政策。欧洲货币一体化对本区域的国际收支、汇率制度、国际货币管理以及经济贸易的发展都产生了重大影响。

（二）经济货币联盟与欧洲经济周期趋同

经济和货币联盟是比统一市场更高级的一体化形态，也是目前欧盟经济一体化进展的最高阶段。统一市场建设为货币联盟建设提供了经济支持，而实行单一货币欧元也增进了统一市场的效率。经济和货币联盟是确保统一市场正常运转的后续进程，四大要素的自由流通实现之后，欧洲市场上剩下的最大障碍就是各国货币之间的交易成本。

通过统一市场建设，获取市场规模扩大带来的规模经济效应，改变市场结构，加大市场竞争程度以刺激劳动生产率进一步提高，是欧盟逐步扩大的主要经济动力。市场规模的扩大固然带来了诸多好处，但市场内与日俱增的交易也带来了货币兑换的负担，这无形中加大了市场内贸易的成本。统计显示，从1986年到1995年，因区内贸易所需兑换货币而加大的贸易成本，从1986年的3319亿埃居上升到1995年的5810亿埃居[①]。因此，解除国家间的资本流动管制是建立统一大市场的一个关键要素，而单一货币的实行更是欧盟经济一体化进程中的必然选择。

经济货币联盟对成员国的经济周期趋同的影响，主要包括以下几个方面。

第一，欧洲货币联盟从根本上促进了统一市场的完全实现。欧洲货币联盟提高了市场透明度，增加了市场一体化的收益。国家货币的存在及由此产生的国家间商品价格差额，是妨碍欧盟市场一体化建设的最大障碍，只有实行单一货币才能够获得统一市场可能带来的好处，并促使欧盟内部贸易的成倍增加。

第二，欧洲货币联盟实现了在成员国内实行统一的货币政策，对各国的经济发展具有趋同影响。虽然目前在各国宏观经济存在差异的条件下，统一的货币政策对各国经济的调控作用仍然有限，但是统一的货币政策对经济的调控具有同向引导的作用，即实行统一货币政策对所有成员国的宏观经济同时具有扩张或紧缩的效果。例如，欧洲中央银行通过对利率的调整可以增加和减少社会投资，投资通过乘数作用影响成员国的经济增长，从而实现欧盟层面对成员国经济增长的调整。在统一货币政策和协调的财政政策的引导作用下，各国的宏观经济发展更加可能具有趋同的效果，而且随着各国货币政策传导机制的调整，这种趋同的效果会逐步得到增强。

综上所述，欧洲经济一体化对成员国经济周期趋同的影响主要体现在贸易一体化方面，货币一体化是对贸易一体化效果的延伸。

---

① Monti, M., *The Single Market and Tomorrow's Europe*, London: Koran, 1996.

目前，货币一体化对成员国经济周期趋同的影响仍然有限。但是，随着经济一体化的深化，各国金融机构和政策传导机制的调整，欧洲经济货币联盟对欧盟国家经济周期趋同的影响将有所增强。

(三) 经济货币联盟时期欧盟国家的经济周期趋同

1999年欧洲经济货币联盟正式建成，欧元流通，各国开始执行统一的货币政策。在旨在保持稳定的欧盟统一货币政策的指导下，1999年之后欧盟国家经济周期波动显著趋缓，而且各国的经济周期波动更加趋同。通过本章第一节中比较分析1999年前后两个时段欧盟14个国家的经济周期波动，可以发现1999年之后平均经济周期对各国经济周期的影响更接近于均值，也就是各国的经济周期波动的差异性明显减小；说明欧盟国家在实行统一货币政策之后，各国的经济周期呈现趋同态势。另外，从图3-8可以看出，欧洲经济货币联盟建设时期，特别是1997年之后欧盟国家经济周期波动明显趋同，这主要是由于统一市场为成员国的经济周期趋同奠定了基础，加上欧盟趋同标准和统一货币政策的规范和引导作用，最终促使成员国的经济周期呈现趋同态势。

第三节 欧盟成员国经济周期与平均经济周期的差异

一 欧盟成员国的经济周期与平均经济周期波动

从欧盟国家的经济周期指数来看（参见图3-9），欧盟国家经济周期围绕欧盟国家的平均经济周期波动，其中20世纪60年代成员国的经济周期差异较小，70、80年代各国的经济周期差异较大，90年代经济周期的差异明显减小，经济周期的波动呈现较强的趋同态势。总体看来，欧盟国家的经济周期的波动呈现趋同的特征。

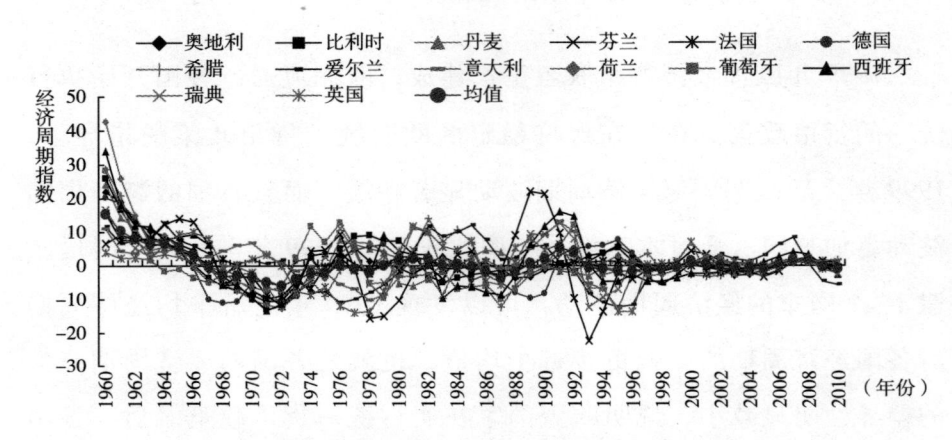

图3-9　1960~2010年欧盟14国经济周期指数

数据来源：笔者根据 the EU Economy 2002 Review 和 EU Economic Forecast 2008 Autumn 的数据，结合公式（3.2）和公式（3.3）计算的结果绘制。

20世纪60年代，欧盟国家建立关税同盟，随着贸易壁垒的逐步取消，成员国的贸易量迅速增加，国家间的经济联系增强，各国的经济波动关联性加强。70年代受到两次经济危机的影响，成员国由于经济结构和经济政策偏好方面的差异，应对危机的措施不尽相同，同时经济一体化进程受到经济不景气影响而受阻，因此这一时期国家间经济周期波动较为分散。80年代，欧盟继续着力推进经济一体化的发展，提出建立统一市场，在这统一市场的准备和建设阶段，各国经济周期波动仍然比较分散。1993年统一大市场建成，生产要素实现流通，有效地促进了各国经济发展，并对经济一体化提出了更高的要求，即建立经济货币联盟，实行统一货币。各国为了进入经济货币联盟，都努力地达到欧盟制定的经济趋同标准，因此20世纪90年代之后各国经济周期波动幅度出现显著趋同。尤其是1997年以后，受统一市场和加入经济货币联盟的趋同标准的叠加影响，欧盟国家的经济周期发展呈现稳定的同步发展。

二 欧洲经济一体化进程中成员国经济周期波动趋同的阶段性特征

本书将欧盟14个国家的1960~2010年经济周期指数作为分析经济周期变化的主要指标，并将14个国家每年经济周期指数的方差作为分析经济周期趋同的主要变量。

方差表示随机变量与其均值的偏离程度。如果随机变量取值比较集中，则方差较小；反之，如果取值比较分散，则方差较大。因此方差可以作为分析随机变量分散程度的一个标准。其计算公式如下：

$$\sigma^2 = \frac{n \sum x^2 - (\sum x)^2}{n(n-1)} \qquad (3.5)$$

其中 σ^2 表示每年14个国家经济周期指数的方差，即各国经济周期指数偏离均值的情况，用这个指标表示各国经济周期趋同情况。σ^2 较小表示各国的经济周期较为趋同，反之，经济周期较为分散。

经济周期指数方差可以作为分析国家经济周期的趋同情况的主要变量（参见图3-10）。统计结果显示，1997年之前欧盟国家经济周期趋同状况变化较大；而且，20世纪70年代之后，欧盟14国与5个主要经济大国的经济周期趋同情况基本类似（参见图3-10

和图 3-11)。由此可以看出，欧盟 14 国的经济周期的波动和趋同主要是以 5 个经济大国为主导[①]。

图 3-10　1960~2010 年欧盟 14 国经济周期指数方差变化情况

资料来源：笔者根据 *the EU Economy 2002 Review* 和 *EU Economic Forecast 2008 Autumn* 的数据，结合公式 (3.2)、公式 (3.3) 和公式 (3.5) 计算的结果绘制。

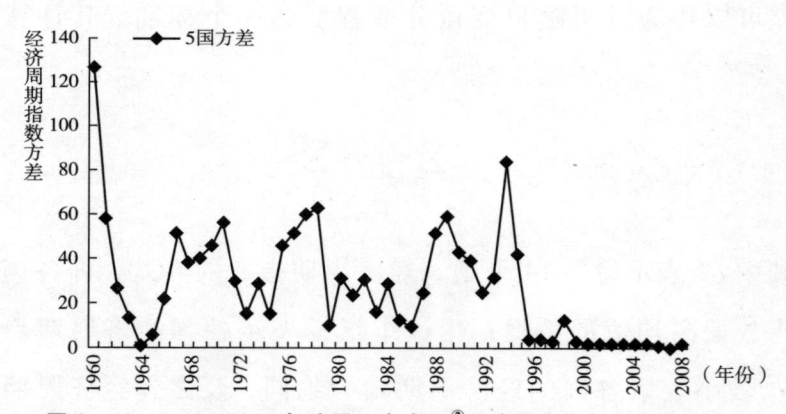

图 3-11　1960~2010 年欧盟五个大国[②]经济周期指数方差变化情况

资料来源：笔者根据 *the EU Economy 2002 Review* 和 *EU Economic Forecast 2008 Autumn* 的数据，结合公式 (3.2)、公式 (3.3) 和公式 (3.5) 计算的结果绘制。

---

① 欧共体创始国为联邦德国、法国、意大利、荷兰、比利时和卢森堡 6 国，英国和西班牙分别于 1973 年和 1981 年加入欧共体。

② 这里的五个经济大国为德国、法国、英国、意大利、西班牙。

由表 3-6 可以看出，随着欧洲经济一体化程度的加深，欧盟国家经济周期差异的均值逐渐缩小，表明欧盟国家的经济周期逐渐趋同。特别是 1999 年欧洲经济货币联盟建立之后，欧盟经济周期显著趋同，经济周期方差的均值由 1993~1998 年的 28.8 下降到 1999~2010 年的 3.2。

表 3-6　1960~2010 年欧盟 14 国经济周期指数方差的均值

时间	方差均值
1960~1992 年	32.5
1993~1998 年	28.8
1999~2010 年	3.2

资料来源：笔者研究整理。

欧盟国家经济周期趋同在不同时间段具有不同特征（参见图 3-10）。1962~1975 年，欧盟 14 国的经济周期趋同状况较好，这主要是关税同盟的作用。1976~1980 年，关税同盟的作用已充分得到发挥，此时欧盟层面没有新的经济一体化政策出台，而世界经济危机对各国经济造成很大冲击，因此导致各国经济周期趋同的状况较差。1981~1988 年，欧盟出台了《欧洲单一法令》等旨在建立统一市场的政策，1979 年建立的欧洲货币体系的作用得到发挥，促进了各国经济的进一步融合，各国经济周期趋同状况较好。1989~1995 年，欧盟再次遭遇经济危机；1989 年德国实现统一导致其经济波动幅度显著扩大，其占欧盟产值三分之一的影响力自然不可忽视。1997 年之后趋同状况显著增强，主要是统一市场和共同货币政策共同发挥作用的结果。[1] 1993 年统一市场正式建成后开始对宏观

---

[1] 离散系数也可以被用来衡量经济周期趋同，笔者使用离散系数作了相同的分析，得出了类似的结果。在此不再赘述。

经济发挥作用，1999年之前各国经济周期趋同主要是统一市场的作用效果。1999年之后，经济货币联盟建立，欧元流通和统一货币政策的实施，消除了成员国之间以及对外贸易的汇率障碍，导致成员国之间的经济进一步融合。因此，1999年之后的经济周期趋同是统一市场和统一货币政策的合力作用。

第四节 小结

本章主要选取欧盟老成员国作为研究对象，研究其经济周期趋同的特征。研究结果显示，随着欧洲经济一体化的发展，欧盟老成员国经济周期呈现趋同的态势。其中，德国、法国、英国、意大利、西班牙五个经济大国的经济趋同效果更好，而且它们对欧盟整体的经济发展具有主导作用。通过比较分析1999年实行统一货币政策前后欧盟老成员国的经济周期趋同性，发现欧盟老成员国经济周期在实行统一货币之后具有显著的趋同效果。

欧洲经济一体化进程中老成员国经济周期波动趋同具有阶段性特征。欧洲经济一体化的政策促进了欧盟老成员国的经济周期趋同。特别是1999年之后，在统一市场和统一货币政策效果的叠加作用下，欧盟老成员国的经济周期趋同效果比较显著，而且宏观经济发展对欧盟国家经济周期趋同具有一定影响。当宏观经济稳定发展时，欧盟国家的经济趋同效果较好；当欧盟国家经济受到内在或者外来冲击时，各国的经济趋同效果则较差。

第四章
欧洲经济周期趋同的影响因素

第一节 国际贸易增加对欧洲经济周期趋同的影响

从建立关税同盟到形成统一大市场,欧盟国家之间逐步取消了贸易壁垒,实现了贸易和生产要素的自由流通,欧盟成员国之间的贸易量显著增加。欧盟15个成员国之间的贸易额占国内生产总值的比重从1963年的7.7%上升到2004年的17.1%[1],成员国之间的贸易约占欧盟国家对外贸易总额的70%[2],对欧盟成员国的宏观经济发展具有重要影响。随着对外贸易量的增加,成员国间的贸易成为欧盟成员国经济联系的主要渠道,各国之间的联系也变得更加紧密。下面首先从经济理论的角度分析国际贸易对经济周期的作用,

---

[1] European Commission, *The EU Economy 2002 Review*, No.6, 2002, p.345.

[2] Henk Kox, Arjan Lejour, and Raymond Montizaan, "Intra – EU Trade and Investment in Service Sectors, and Regulation Patterns", in *CPB Netherlands Bureau for Economic Policy Analysis*, No.102, 19 November 2004.

然后对欧盟国家进行实证分析研究。

一 国际贸易对经济周期影响的理论分析

随着区域经济一体化的发展，国家之间在经济上的联系与依赖变得更加紧密。一个国家的经济不再是独立运行，其他国家的经济波动会通过各种途径传递到该国；一个国家经济的繁荣与衰退也会通过各种渠道对其他国家构成影响，从而对经济增长和周期波动产生影响。经济周期传导的渠道主要包括对外贸易、国际金融、资本流动等，而经济所处的发展阶段及开放程度的差异决定了各渠道在经济周期传导中的力度不同。总体看来，对外贸易是现阶段诸多经济周期波动传递的主要渠道。

通过对宏观经济波动与对外贸易的关系的初步考察，可以发现，对外贸易与宏观经济波动具有明显的相关关系。对外贸易影响经济周期的同步波动主要是对外贸易能够产生需求和供给两方面的溢出效应。在需求方面，一个国家的投资或消费上涨必然会增加对进口产品的需求，从而带动外国的产出增长；在供给方面，一国的产出增加超过本国需求时会导致出口增加，从而对他国的需求也会产生一定的影响。在国家间溢出效应的影响下，国际贸易联系越紧密，国家间宏观经济波动的相关性就会越强。

在开放经济条件下，一国经济的周期性波动可以通过进口和出口的增减而影响其他国家的经济周期的进程。当一国经济处于经济周期的扩张阶段时，该国就会增加进口，从而带动其他国家出口的增加，出口增加会通过乘数作用使其经济趋于扩张。反之，当一国经济出现周期性下降时，该国的进口会缩减，从而引起其他国家出口的缩减，进而使得这些国家的经济也趋于收缩。因此，国际贸易在经济周期同步性的形成中,起着非常重要的作用。

国际贸易主要通过以下三种途径传递经济周期。

第一,"需求"溢出的途径。一个国家经济的萧条和繁荣将直接影响其对贸易伙伴国商品的需求,会对贸易伙伴国生产厂商的收益造成影响,进而影响贸易伙伴国的经济增长和波动。具体来看,就是一个国家经济的扩张将增加其对进口商品的需求,进口需求的增加将直接影响该国对贸易伙伴国的商品需求,从而促使贸易伙伴国增加出口;出口增加将进一步导致贸易伙伴国总产出增加,最终贸易伙伴国会从该国的经济扩张中受益,贸易伙伴国经济也开始趋于扩张。

第二,各国有关贸易的经济政策趋同也促成了经济周期协动性的提高。一个国家的宏观经济政策变动可以通过不同途径影响国内的物价水平,而价格上涨或下跌的信号传递到国外就能够引起国家间经济波动的传递。另外,宏观经济政策的变化也会影响一个国家的总需求,从而导致国内居民的消费和投资行为发生变化,最终影响国外的产出。欧盟旨在取消贸易障碍的关税同盟和统一市场政策有效地促进了欧盟成员国间的贸易,贸易的增加导致成员国之间的宏观经济更为相似,经济周期波动的同步性进一步提高。

第三,以传递价格信号的方式传递经济周期。当一国经济扩张时,本国价格水平通常也会出现相对上升,通过国际贸易的影响,价格的上涨将使其贸易伙伴国的价格在一定程度上也出现相应的增长,这使贸易伙伴国的工资和总产出在一定程度上增加,使其他贸易伙伴国也同步趋于扩张。另外,经济周期波动的传递是双向的,一个国家通过贸易往来将本国的经济扩张和收缩传递到其他贸易伙伴国,同时也会受到来自其他国家的相应影响。

面对不同类型的外部冲击,各国的贸易传导效应会有所不同。传统的产业间专业化分工可能使经济周期的趋同性下降。例如,美国2000年的网络经济泡沫的破灭导致其经济增长率迅速下降,引起了信息产业发达的爱尔兰、芬兰等国的经济增长率同步下降,但是对信息产业发展滞后的国家影响甚微。而现代的日益发达的产业内专业化分工格局则会使各国经济周期的趋同性增强。同时,作为需求变化表征的贸易流量变化也能使冲击带来的经济波动扩散到所有的部门和产业,从而使经济周期的趋同性增强。因此,贸易是增强还是减弱经济周期的趋同性,与国家间的贸易是产业内贸易还是产业间贸易密切相关。根据经济周期理论,一般认为:双边贸易强度越高,两国经济联系越紧密,经济波动协动性越强;产业结构相似度越高,两国经济在受到相同产业冲击时的表现越相似,经济协动性越强;贸易相似度越高,两国经济在面临价格冲击时的表现也越相似,经济协动性也越强。另外,出口国的地理位置同样影响这种联系,出口国与进口国的距离较近对这种联系具有促进作用。

由此可知,随着贸易一体化的发展,贸易伙伴国之间的经济周期可以通过对外贸易相互影响和传递。如果对外贸易主要是产业内贸易,贸易伙伴国之间的贸易强度较高,产业结构相似度较高,则贸易对经济周期趋同性的影响较为显著。有研究表明欧盟国家间的主要贸易渠道是产业内贸易[1],因此欧盟国家随着经济一体化而增加的成员国之间的贸易对成员国的经济周期趋同具有推动作用。在本节的第三部分将对欧盟的贸易格局、产业分布情况,以及欧盟国

---

[1] Kwanho Shin and Yunjong Wang, "The Impact of Trade Integration on Business Cycle Co-movements in Europe", in *Review of World Economics*, Vol. 141 (1), 2005.

家间贸易对欧盟经济周期的影响作进一步的分析。

随着欧盟经济一体化的发展,欧盟成员国之间的贸易往来日益频繁。欧盟的贸易一体化主要包括关税同盟、统一市场和欧洲经济货币联盟三个阶段。关税同盟的建立标志着欧盟贸易一体化的开始。从1957年开始欧盟成员国签订《罗马条约》,分三个阶段削减成员国之间的关税,到1968年欧盟内部关税全部取消,并对欧盟外部工业品实行统一关税。1993年在欧盟内部成功建成统一大市场,在商品自由流通的基础上,初步实现了生产要素的自由流通。随着贸易一体化的发展,对统一货币的要求日益迫切。1999年,欧洲经济货币联盟正式成立,在欧元区内使用统一货币欧元,并执行统一的货币政策。至此,欧盟的贸易一体化实现了商品、生产要素的自由流通,并且使用了统一货币,使得贸易一体化实现了较为完善的发展。随着欧洲经济一体化的发展,欧盟成员国的对外贸易迅速增加。对外贸易的发展是否使得成员国的宏观经济发展更为相似,其经济周期波动是否呈现更为趋同的特征,下面将通过对欧盟14国的实证分析进行验证。

二 欧盟的国际贸易对经济周期趋同的实证分析

通过分析国际贸易对经济周期传导机制可以明确,在不同经济条件下贸易机制不仅对本国经济增长具有影响,而且会对贸易伙伴国的经济周期产生相应的影响。接下来主要研究欧盟国家在经济一体化进程中,国际贸易对成员国经济周期波动的传导作用及其趋势影响。本节主要应用广义最小二乘法进行回归分析,继续将欧盟14个成员国作为研究样本,着重分析成员国的出口贸易对国家间经济周期趋同的影响。

（一）数据来源与处理

本节主要将 1963~2006 年欧盟 14 个国家的年度实际国内生产总值和出口贸易占国内生产总值的比重作为原始数据，数据来源于《欧洲经济评论》（*The EU Economy Review*）相关各期的统计资料。经过 HP 滤波和公式（3.3）的计算，得到欧盟 14 个国家的经济周期趋同指数，以各国经济周期指数的方差作为分析经济周期趋同的主要变量，以欧盟成员国的出口贸易额占国内生产总值比重的数据作为贸易的主要变量。一般情况下，出口贸易与进口贸易呈现同向增长的关系，因此本书主要以出口贸易作为研究欧洲经济一体化进程中成员国之间贸易的变量。图 4-1 显示的是 1963~2006 年欧盟 14 国的出口占国内生产总值的比重的均值[①]，用来表示欧盟整体出口贸易的变化趋势。如图所示，随着欧洲经济一体化的发展，欧盟国家的对外贸易呈现上升的趋势。

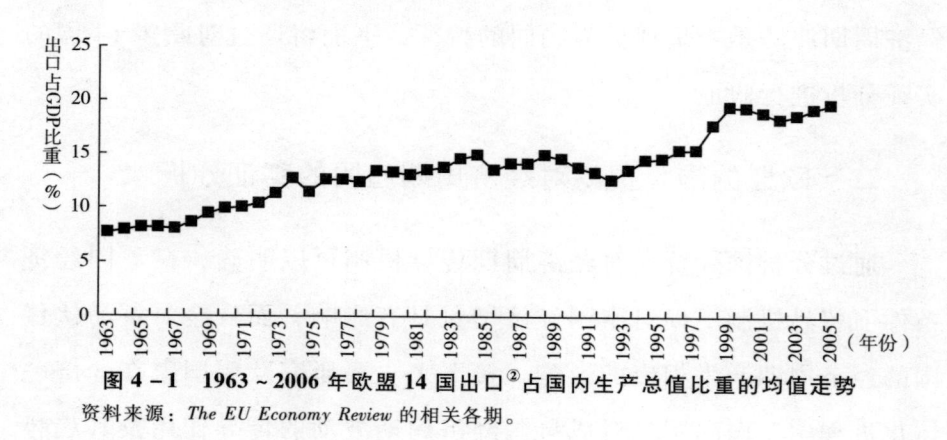

图 4-1　1963~2006 年欧盟 14 国出口[②]占国内生产总值比重的均值走势

资料来源：*The EU Economy Review* 的相关各期。

[①] 此处使用的是加权平均法，各国的权重是该国国内生产总值占 14 个国家总体产值的比重。

[②] 不包括与非欧盟成员国之间的出口贸易。

(二) 实证分析

本节使用回归分析考察欧盟 14 国出口贸易的变化和经济周期趋同性之间的关系。欧盟成员国出口贸易额占国内生产总值比重的加权平均值为 T，作为衡量成员国贸易的主要变量。用 σ^2 表示成员国经济周期指数的方差，作为衡量成员国经济周期的趋同性。

首先分析欧盟总出口（包括与非欧盟成员国的出口）与欧盟经济周期趋同之间的关系。在这里，欧盟成员国总出口占国内生产总值比重的均值用 T_a 来表示，经济周期趋同用 σ_a 来表示，σ_a 较小则表明经济周期较为趋同。下面将从相关系数和回归分析两个方面来分析总出口与欧盟经济周期之间的关系。

相关系数 ρ 表示两个变量之间的相关关系，计算公式如下：

$$\rho = \frac{\mathrm{Cov}(T,\sigma^2)}{\sqrt{D(T)}\sqrt{D(\sigma^2)}} \tag{4.1}$$

ρ 表示随机变量 T 与 σ 的相关系数，本书用于表示出口贸易和经济周期趋同之间的相关关系。一般情况下，相关系数 ρ 的变化范围在 $-1 \sim +1$ 之间。当 $\rho = -1$ 时，表示两个变量之间为完全负相关或称负相关；当 $\rho = 0$ 时，表示两个变量之间没有相关关系；当 $\rho = 1$ 时，表示两个变量之间为完全正相关或称正相关。根据计算可以看出，欧盟 14 国总出口（包括与非成员国的出口）和经济周期趋同之间的相关系数为 -0.26，表示二者之间存在负相关的关系，即随着欧盟成员国之间出口贸易的增长，欧盟国家的经济周期差异减小，其经济周期趋同性逐渐增强。回归分析的结果也表明总出口额对欧盟经济周期趋同具有显著影响。

进行回归分析①，得出总出口贸易（包括与非成员国的贸易）与成员国的经济周期趋同的回归方程为：

$$\sigma_a^2 = 44.65993 - 0.736326 \times T_a$$

$$R^2 = 0.88 \quad t = -2.99$$

从回归分析结果可以看出，欧盟的总出口 T_a 与成员国的经济周期的方差 σ_a^2 具有负向的关系，即随着总出口的增加成员国之间的经济周期差异减小，表明欧盟的总出口对成员国经济周期趋同具有促进作用。这一回归方程的 t 统计量显著，拟合优度 R^2 也较高，因此这一回归分析的结果比较显著，可以较好地解释这一问题。

接下来对欧盟内部贸易（不包括与非成员国的贸易）进行相应的分析。欧盟成员国间的出口与经济周期之间的相关系数为 -0.27，与总出口和经济周期趋同的相关系数基本相同。回归结果显示成员国间出口对欧盟的经济周期趋同也具有积极的促进作用。欧盟内部出口贸易与经济周期趋同的回归方程为：

$$\sigma_b^2 = 226.8 - 14.3 \times T_b$$

$$R^2 = 0.96 \quad t = -8.22$$

通过欧盟 14 国出口贸易和经济周期趋同之间的回归分析，可以看出不论是否包括与非成员国的贸易，出口和经济周期趋同之间都存在较强的关联关系，随着出口贸易的增加成员国之间的经济周期更加趋同。上述两种分析的结果都通过了 t 检验（分别为 -2.99 和 -8.22），并且拟合优度较高（分别为 0.88 和 0.96），说明回归分析结果显著，可以较好地解释出口贸易和经济周期趋同之间的关

---

① 为了消除一阶序列自相关，此处使用的是广义最小二乘法进行回归分析。

系。由于对欧盟内部贸易分析的结果中回归系数较大,而且 t 统计值和拟合优度都较高,可以认为欧盟成员国内部的出口贸易对经济周期趋同的影响更大。因此下面将主要针对欧盟成员国间贸易进行分析。

为了看出出口贸易在不同时段对欧盟经济周期波动的影响,下面将整体样本期间划分为三个时段[①],即 1960~1985 年、1986~1998 年、1999~2006 年,比较分析成员国间出口贸易与经济周期之间的相关系数(见表 4-1)。

表 4-1　欧盟 14 国间相互出口贸易与经济周期波动之间的相关系数

时　间	成员国间出口与经济周期波动
1960~1985 年	0.563
1986~1998 年	-0.405
1999~2006 年	-0.526

资料来源:笔者研究整理。

根据经济一体化理论可以得知,随着国际贸易的增长贸易伙伴国之间的经济周期波动的相似性应当更强。本节中经济周期趋同指数使用各国经济周期指数的方差表示,方差数值越小表明各国经济周期趋同的状况越好。根据图 4-1 可以看出,各国出口贸易总体呈上升趋势;由第三章的实证分析结论得知,欧盟老成员国随着经济一体化的进展,经济周期呈现趋同的态势,即各国经济周期趋同指数随着时间的变化而减小。因此,如果经济周期趋同指数与出口贸易的均值呈现负相关,可以说明随着出口贸易的增长,各国经济周

---

① 根据经济一体化的进程将时期划分为三个阶段,分别为关税同盟时期、统一市场时期和经济货币联盟时期。

期是更加趋同的；如果呈现正相关，说明随着出口贸易的增长，各国经济周期是非趋同的。相关系数的绝对值越大，说明相关关系越强。

由表4-1可以看出，在早期阶段，出口贸易与经济周期波动正相关，说明出口贸易并没有使欧盟各国的经济周期趋同。而随着经济一体化进程的深入，成员国间出口贸易与经济周期趋同的相关系数变为负值，而且这一数值的绝对值越来越大。于是可以得出结论：随着欧盟经济一体化进程，出口贸易使得欧盟经济周期趋同变得愈益显著。

综上所述，可以得出以下结论。首先，欧盟贸易一体化促进了欧盟成员国之间贸易的增加，并且使得成员国之间的经济周期波动更加趋同。其次，欧盟成员国间贸易比欧盟总贸易（包括与非欧盟成员国的贸易）对经济周期趋同的影响更为显著。最后，随着经济一体化程度的加深，成员国间贸易对经济周期趋同的积极影响逐渐增强。根据贸易一体化的主要进程，可以将考察时期划分为1960~1985年、1986~1998年、1999~2006年三个时期，即从关税同盟、统一大市场和欧洲经济货币联盟三个阶段分析贸易一体化对经济周期波动趋势的影响。结果表明，欧盟总出口和成员国之间的相互出口都与欧盟国家的经济周期波动趋同具有相关关系，并且相关性逐渐增强。

三　欧盟贸易一体化与经济周期趋同的关系

欧盟国家经济发展水平相近，再加上地理位置比较接近，使得欧盟国家之间从生产到流通的各个方面建立合作关系成为可能，也为在成员国之间实现商品、资本、服务、人员的自由流动提供了客观条件。可以说，经济结构的相似性（服务业比重普遍较高）和经济联系的密切性，便利了欧盟各国在建立经济相互依存的基础上，利用经济一体化的"溢出效应"，达到经济一体化的最佳效果，进而使得欧盟国家经济周期波动更为趋同。下面主要从欧盟的内部贸易和分工格局等方面分析贸易一体化对经济周期趋同的影响。

第一，欧盟内部贸易依赖度增强。

随着欧洲经济一体化程度的加深，欧盟成员国之间的贸易往来更加频繁，各国之间经济的依赖性也随之增强。从表4-2的数据可以看出，欧盟国家内部出口占总出口量的百分比从1960年的49.4%增加到2008年的67.6%，欧盟内部进口占总进口量的百分比从45.9%上升到62.9%，欧盟的内部贸易显著增加。内部贸易增加使得成员国之间的经济联系更为紧密，通过国家之间的溢出效应使得成员国的经济波动具有联动效应，为成员国间的经济周期趋同奠定了基础。

表4-2 欧盟内部贸易占总贸易的比重

年 份	1960	1970	1980	1990	2000	2008
占总出口量的百分比（%）	49.4	59.7	61.0	66.8	68.0	67.6
占总进口量的百分比（%）	45.9	56.5	54.0	64.2	63.5	62.9

资料来源：笔者根据1960~2009年 External and Intra-European Trade Monthly Statistics 相关各期的统计数据计算。

第二，欧盟内部贸易格局。

从欧盟的贸易格局来看，部分国家对欧盟经济的影响起着决定性作用。根据欧盟成员国对欧盟内部贸易的贡献[1]，可以将14个成

---

[1] 各国对欧盟内部贸易的贡献是各成员国的对外贸易占欧盟内部贸易的比重。

员国分为四个层次（见表4-3）。第一层次国家是德国，也就是欧盟内部贸易的核心国家；第二层次包括荷兰、法国、比利时、意大利和英国；第三层次包括西班牙、奥地利、瑞典、丹麦、爱尔兰和芬兰；第四层次包括葡萄牙和希腊。由第一层次到第四层次成员国对欧盟内部贸易的贡献度依次递减。

表4-3 2008年欧盟成员国对欧盟内部贸易的贡献

		出口		进口	
		金额（亿欧元）	份额（%）	金额（亿欧元）	份额（%）
	欧盟[①]	27016.9	100	26219.2	100
第一层次国家	德 国	6329.6	23.42	5267.2	20.08
第二层次国家	荷 兰	3386.6	12.53	1910.3	7.28
	法 国	2595.2	9.60	3240.7	12.35
	比利时	2493.6	9.22	2243.8	8.55
	意大利	2139.2	7.91	2039.8	7.77
	英 国	1772.9	6.56	2286.1	8.71
第三层次国家	西班牙	1243.7	4.60	1551.6	5.91
	奥地利	888.0	3.28	972.9	3.71
	瑞 典	748.8	2.77	781.6	2.98
	丹 麦	556.0	2.05	545.7	2.08
	爱尔兰	536.9	1.98	396.4	1.51
	芬 兰	366.0	1.35	380.5	1.45
第四层次国家	葡萄牙	280.1	1.03	449.9	1.71
	希 腊	109.6	0.40	329.8	1.25

资料来源：笔者根据 External and Intra - European Trade Monthly Statistics, 2009 No. 4 数据编制。

[①] 此处是欧盟27个成员国。

核心国家——德国的贸易份额占欧盟内部贸易的五分之一以上，其贸易量、贸易产品结构、地理流向的变化都对欧盟造成不小的影响；而且德国的地理位置处于欧洲中部，为其发挥贸易的辐射作用奠定了地缘基础。第二层次的5个国家从地理上看都围绕在德国周围，因此，核心国家和第二层次国家构成了欧盟内部贸易的中心，其辐射效应直接影响其他成员国的贸易，在欧盟内部发挥着向心作用。第三层次的6个国家的贸易量比第一、二层次国家小。从地理位置上来看，它们都是第二层次国家的近邻。西班牙毗邻法国，奥地利与德国接壤；瑞典、丹麦和芬兰与德国隔海相望，爱尔兰紧靠英国，但是它们都距离核心国德国稍远一些。第四层次的国家对欧盟内部贸易的贡献最小，而且都是距离贸易的中心地带（核心国家）最远的国家。由此可以发现，通过各国对欧盟内部贸易贡献划分的层次与成员国在地理位置上的结构基本是一致的，地理上距离核心国德国越近的国家，其在欧盟贸易中占的比重越大。第二层次国家的贸易量大于第三层次国家，第三层次国家的贸易量又大于第四层次国家。

然而，欧盟内部贸易对成员国的重要性并不随层次的递增而降低。一般而言，距离核心国越远的国家，欧盟内部贸易对其重要性越高。究其原因，主要是核心国家和第二层次国家由于经济实力雄厚和国际竞争力更强，贸易对象更加多元化；第三层次特别是第四层次国家，以及第二层次的小国（如荷兰、比利时）国际竞争力相对较弱，其贸易更多的是得益于欧洲的统一大市场，贸易的地理流向也相对集中一些。

由此可见，欧盟内部贸易形成了以德国为核心，加上荷兰、法国、比利时、意大利和英国为主体,向外辐射的贸易格局。这种贸易格局使得欧盟成员国之间的贸易联系更为紧密和稳定。这种贸易格局的形成正是在地理位置优势的基础上,在关税同盟、统一市场的建立以及统一货币的政策推动下形成的。因此,贸易一体化消除了成员国之间的贸易障碍,有效促进了国家间的贸易往来,增加了各国经济的融合,并逐步形成了以德国为核心向外辐射的贸易格局,为欧盟各国的经济周期趋同提供了有力的保障。

第三,欧盟内部贸易分工格局。

希恩和旺(Shin and Wang)[①] 研究发现,产业内贸易是欧盟贸易一体化促进经济周期趋同的主要途径。有统计数据表明,欧盟内部贸易越来越多地集中于产业内贸易,因此欧盟的贸易一体化对经济周期趋同的促进作用将进一步增强。

欧盟内部的贸易分工格局与上述的贸易格局存在一定程度的一致性,也是以核心国德国和第二层次国家为中心向外辐射。其中,第一、第二层次国家产业内贸易的主导地位明显强于第三层次国家,第三层次国家又强于第四层次国家。

总体看来,欧盟国家的贸易格局主要以产业内贸易为主,并且以德国和第二层次国家向外辐射,形成了稳定的贸易格局。这种贸易方式对欧盟国家的宏观经济发展和经济结构产生质的影响。由于对外贸易是国内经济增长的主要驱动力之一,因此随着成员国间贸易的增加,各国的经济周期波动呈现出趋同的效果。

---

① Kwanho Shin and Yunjiong Wang, "The Impact of Trade Integration on Business Cycle Co‐movements in Europe", in *Review of World Economics*, Vol. 141 (1), 2005.

综上所述，欧盟内部贸易的增加提高了欧盟的专业化程度，但是产业集中度并没有出现相应的提高。专业化程度对于提高成员国生产力水平具有促进作用。由于欧盟的产业集中度并没有显著提高，因此欧盟内部贸易仍然以产业内贸易为主，而产业内贸易的增加对于贸易伙伴国之间的经济周期趋同具有积极作用。总体来看，贸易一体化对欧盟国家的经济周期趋同具有显著影响。

第二节　统一货币政策对欧洲经济周期趋同的影响

一　货币政策对经济周期波动趋同的作用机理

在各国经济周期的生成和传导过程中，货币政策的冲击是一个不容忽视的因素。一个国家货币政策的变动可能引起贸易伙伴国或投资伙伴国相关政策的变化，并导致两个国家经济周期的互动，这一特征在贸易一体化和金融一体化的欧盟国家之间更为显著。随着欧洲经济一体化的深入，经济政策的协调性进一步增强，成员国之间的经济联系也更加紧密。下面主要就欧盟统一的货币政策对经济周期波动的影响进行分析。

（一）货币政策对经济周期波动趋同的影响

一般来说，货币政策可以通过利率（货币价格）、资产价格和银行信贷等渠道，经过货币市场、金融市场和实体经济等环节，作用于投资、消费和进出口等变量而影响实体经济，发挥其调节宏观经济的功能。货币政策的传导渠道一般包括利率传导渠道、汇率传导渠道、金融资产价格传导渠道和信贷传导渠道四种①。由于利率对经济周期影响的作用相对较大,因此下面主要就利率对经济周期趋同的影响进行分析。

货币政策的利率传导机制,被认为是货币政策最重要也是最有效的传导渠道。其主要作用原理为,利率降低会刺激对利率敏感部门的支出,包括企业投资、住房购买和净出口等。社会总需求通过乘数机制得以增长,从而使产出和价格高于原来的水平。货币供给的增加可以导致市场利率的下降,继而增加产出和影响价格水平。货币政策的实施对于经济发展具有收缩和扩张的作用,货币政策的目的不同,对经济产出的增长具有不同的影响。

瑞典学派、凯恩斯学派、货币主义者以及各国中央银行都十分强调利率在货币政策传导中的作用。传统的凯恩斯主义认为,当货币当局采取紧缩性货币政策时,中央银行会减少货币供应,利率随之升高,进而导致投资下降和产出下降。反之,当货币当局采取扩张性货币政策时,会出现相反的传递效果。

约翰·泰勒(John Taylor)认为,货币传导的利率渠道是货币政策向经济传导的重要组成部分。在他的模型中,紧缩性的货币政策使得短期名义利率上升,在价格黏性和理性预期的共同作用下,实际的长期利率也上升并且至少会持续一段时间。这样,较高的实际利率导致企业固定投资、居民住房投资、耐用消费品投资和库存投资的下降,进而导致总产出下降。在现代信用经济条件下,利率传导效应具有广泛的影响力和渗透力。实际上,在 20 世纪 90 年代

---

① Mishkin, Frederic, "The Channels of Monetary Transmission: Lessons for Monetary Policy", in *NBER Working Papers* No. 5464, March 1996, pp. 33 – 44.

以后，西方许多工业国家的中央银行相继把利率作为最重要的政策变量，甚至作为货币政策的中介目标。几乎所有工业国家的中央银行都把短期利率作为货币政策的操作目标。

由于利率可以有效地调控一个国家的经济周期走势，因此，统一利率对不同国家的经济周期具有相似的调控作用。当不同国家实行统一利率之后，宏观经济发展会在利率的引导下逐渐趋同，而其经济周期的波动也势必出现趋同的效果。当然，经济周期受到利率引导出现趋同性的效果，会因不同国家货币传导机制的制约，以及国内宏观经济情况的影响而有所不同。本节主要分析统一货币政策对欧盟国家经济周期趋同的影响，接下来分析欧盟国家的货币政策及其传导机制。

（二）欧元区的货币政策及传导机制分析

欧洲经济货币联盟的建立使得欧盟成员国将本国的货币政策主权转移到欧盟层面，具体由欧洲中央银行体系负责制订和执行欧元区的货币政策。欧元区统一的货币政策必将对各国的经济周期波动产生一定的影响。

欧洲中央银行根据欧元区各国的经济状况，制定了相应的货币政策战略和操作框架。主要包括以下内容。第一，欧洲中央银行货币政策的最终目标是实现价格稳定，即一年中欧元区的消费物价调和指数（HICP）的上升低于2%，并且物价在中期得以维持，以避免短期因素引起的物价波动对欧洲中央银行的货币政策造成干扰，从而保证货币政策的连续性和稳定性。第二，欧洲中央银行的中介目标包括广义货币供应量（M3）和通货膨胀率，以前者为主，后者为辅，同时参考一些其他相关经济指标，如经济增长、劳动力市场指标等。广义货币供应量增长参考值为 4.5%。第三，货币政策工具。主要包括公开市场操作、备用存贷款便利和最低存款准备金要求，操作目标为两个星期的短期回购利率。货币政策工具直接调控的是操作目标，但是由于时滞和其他干扰因素的存在，操作目标和最终目标的有效联系会被削弱。因此，中央银行在二者之间确定了中介目标，以便尽量缩小政策工具调节宏观经济的偏差。中央银行可根据最终目标确定中介目标，通过货币政策工具调控操作目标，然后操作目标再通过一系列传导机制作用于中介目标，从而实现最终目标。

二 欧元区统一的货币政策对经济周期波动趋同的实证分析

1999 年欧洲经济货币联盟正式成立，欧元区国家开始使用统一货币——欧元，欧洲中央银行制定并实施统一的货币政策。

短期名义利率和广义货币供应量（M3）是欧盟货币政策的主要政策工具。本书使用这两种数据作为主要原始数据，并将实际利率和 M3 增长率作为货币政策的主要变量。由于 1999 年欧盟开始实行统一货币政策，短期名义利率统一，并对 M3 增长率限定在 4.5% 以内。下面主要从实际利率和 M3 增长率两个方面，分析 1999 年前后这两个指标对欧盟经济周期趋同的影响。

（一）经济增长与实际利率

1. 数据来源与处理

1999 年欧盟实行统一货币政策，欧洲中央银行负责制定和实施统一利率。欧洲中央银行有三种主要的利率：再融资业务（Main Refinancing Operations，MRO）利率，主要是为银行体系提供流动性；存款便利（Deposit Ficility）利率，商业银行以这一利率向中央银行进行隔夜存款；边际借款便利（Marginal Lending Facility）利率，欧洲中央银行以这一利率向商业银行提供隔夜信贷。再融资业务利率是存款便利利率和边际借款便利利率的中间利率。本书主要选用再融资业务利率作为分析货币政策的主要变量之一。1999年以后，欧洲中央银行主要以再融资操作利率为短期名义利率。此利率为欧洲中央银行的主导利率，其他利率的变化以其为基础；并且欧洲中央银行以此利率进行公开市场操作，调控其他利率。因此，本书选择欧洲中央银行公布的再融资操作利率作为1999年之后的原始数据。

1993~2006年的名义利率季度数据来自欧洲统计局和欧洲中央银行。1999年之前的数据来自欧洲统计局（希腊的数据来自国际货币基金组织（IMF））；1999年之后，欧元区国家的名义利率来自欧洲中央银行，三个非欧元区国家的所有数据都来自各国中央银行或经济合作发展组织（OECD）。各国的通货膨胀率都来自国际货币基金组织，根据公式计算出实际利率。公式如下：

$$实际利率 = 名义利率 - 通货膨胀率$$

各国的实际利率如图4-2所示，可以看出，1999年欧元区各国实行统一名义利率之后，各国的实际利率比1999年之前更加趋同，且总体呈下降趋势。

2. 实证分析

在两个时段内，分别对各国的经济周期指数和实际利率进行回归分析，比较分析货币政策对经济周期指数的影响。运用回归分析的方法，得出实际利率与经济周期趋同回归方程为：

$$YC_i = \alpha + \beta \times R_i \tag{4.2}$$

其中，YC_i表示第i个国家的经济周期指数，R_i表示第i个国家

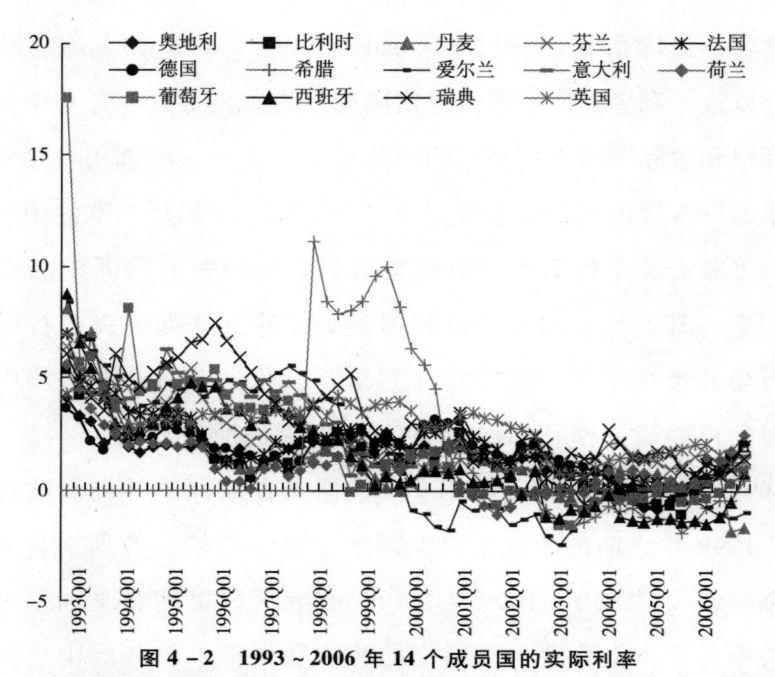

图 4-2 1993~2006 年 14 个成员国的实际利率

资料来源：笔者根据欧洲统计局、国际货币基金组织和部分欧盟成员国中央银行数据库的数据整理绘制。

的实际利率。在两个时段内，分别对 14 个国家进行回归分析。考虑到货币政策的有限分布滞后，采用阿尔蒙多项式法进行回归分析，得出每个国家在两个时段的回归系数。利率与经济周期趋同的关系可以用回归系数的方差表示，如果各国的回归系数的方差较小，则表示这一时期在既定利率政策的作用下成员国的经济周期更为趋同。

回归分析结果如图 4-3 所示，该图为各国经济周期指数与实际利率的回归系数。该回归结果的 t 统计值都比较显著，拟合优度 R^2 也较高，回归结果比较显著，表示利率能够较好地对经济周期指数进行解释。这两个时期各国的回归系数的方差分别为 1.93、0.83，第二个时期的方差明显减小，表明 1999 年实行统一利率政策之后成员国间的经济周期更加趋同。

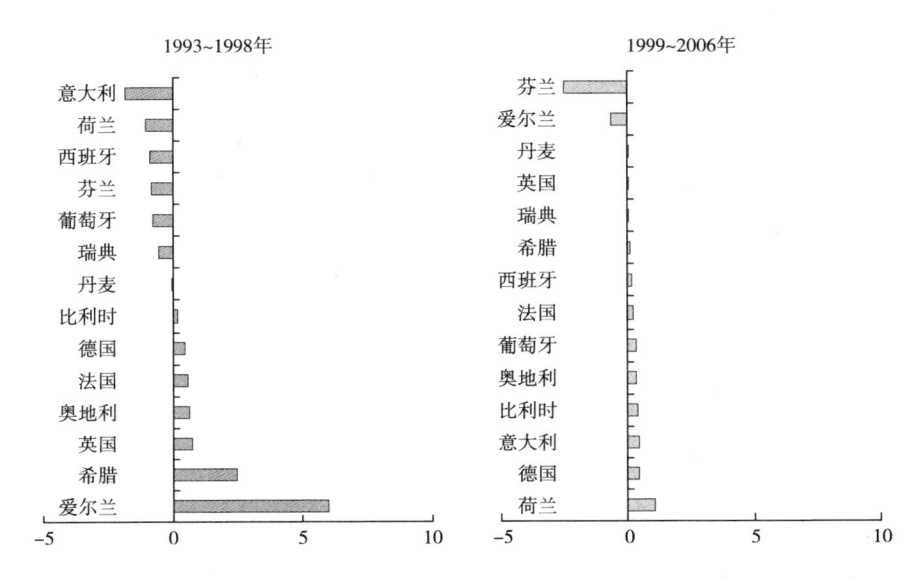

图 4-3 1993~2006 年欧盟 14 个国家的实际利率与经济周期的回归系数[①]

资料来源：笔者根据研究结果绘制。

（二）经济增长与广义货币 M3 增长率

为了实现以稳定为导向的货币政策，欧洲中央银行决定将广义货币 M3 作为共同货币政策首要的中介目标。根据欧洲中央银行的货币定义和统计分类，广义货币供应量 M3 则由广义货币 M2 加回购协议和货币市场基金股份（单位）、货币市场流通票据，以及到期期限最多为 2 年的债券组成。欧洲中央银行规定，广义货币供应量 M3 的参考值为年度增长 4.5%。根据欧洲中央银行的统计，1998 年

---

① 此处用于回归分析的原始数据为季度数据。第一时期（左图）为 1993 年第 1 季度至 1998 年第 4 季度，第二时期（右图）为 1999 年第 1 季度至 2006 年第 4 季度。希腊于 2001 年 1 月 1 日加入欧元区，因此希腊以加入欧元区的时间为界划分为两个时期，1993 年第 1 季度至 2000 年第 4 季度为第一时期，2001 年第 1 季度至 2006 年第 4 季度为第二时期。

12月，现金、活期存款及3个月期的通知存款占M3的68%。由此可见，欧元区广义货币供应量M3主要由流动性较强的资产构成。因此，M3是具有较广泛内涵的货币总量指标，能够较好地显示欧元区的货币增长状况和货币政策导向。

1. 数据来源

本书选用1993~2006年14个国家的广义货币供应量M3的增长率作为主要变量。1999年之前各国的M3来源于欧洲统计局。1999~2006年欧元区国家M3的绝对值是欧洲中央银行的欧元区数据，计算得出欧元区的M3年度增长率。丹麦、瑞典、英国是非欧元区国家，其M3的原始数据来自OECD，同样经过计算得到M3的同比增长率，以2000年为基准年。文中分析使用的M3数据全部都是季度数据。

2. 实证分析

同样采用阿尔蒙多项式法对经济周期指数与M3增长率进行回归分析。运用回归分析的方法，得出M3增长率与经济周期波动趋同回归方程为：

$$YC_i = \alpha + \beta \times M_i$$

其中，YC_i表示第i个国家的经济周期指数，M_i表示第i个国家的M3货币发行增长率。在两个时段内，分别对14个国家进行回归分析。回归分析结果都可以通过t检验，并且拟合优度较高，回归分析结果显著。因此，可以根据每个国家在两个时段的回归系数判断M3发行增长率对经济周期的影响程度。如果回归系数较大，则表示M3发行增长率对经济周期的影响作用较大。另外，M3对经济周期趋同的影响可以使用回归系数的方差表示，如果同一时期内各国的回归系数的方差较小,则表示 M3 增长率对经济周期趋同的影响具有趋同的效果。

回归结果表明第二时期的回归系数比第一时期较大,回归系数如图 4-4 所示。结果表明,1999 年之后,多数国家的回归系数比第一时期增加,表明欧元区整体的 M3 增长率对经济周期具有较大影响。两个时期的回归系数的方差分别是 0.241 和 0.227,说明 1999 年欧盟对 M3 增长率作出不超过 4.5% 的限定之后,欧盟成员国间的经济周期表现得更为趋同。

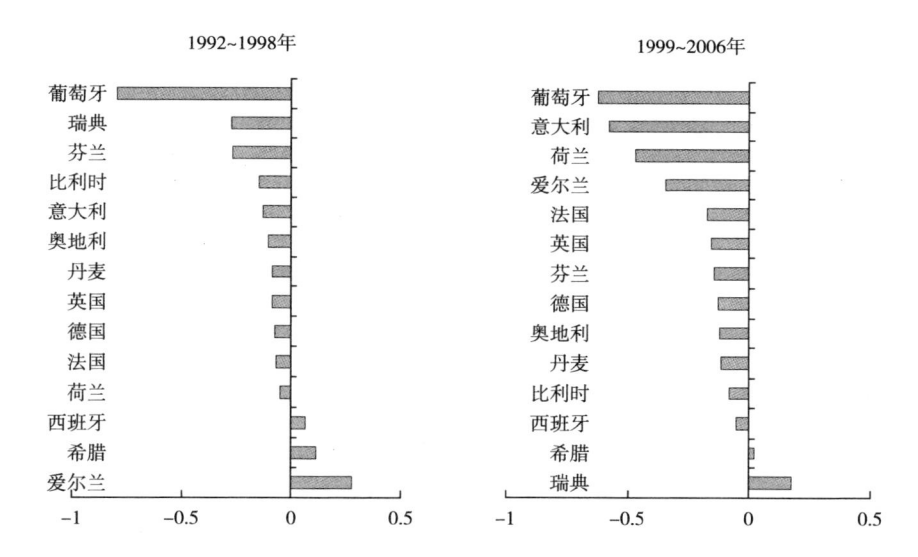

图 4-4 1992~2006 年 14 个国家的经济增长与 M3 增长率的回归系数[①]
资料来源:笔者根据研究结果绘制。

---

① 此处用于回归分析的原始数据为季度数据。第一时期(左图)为 1992 年第 1 季度至 1998 年第 4 季度,第二时期(右图)为 1999 年第 1 季度至 2006 年第 4 季度。希腊于 2001 年 1 月 1 日加入欧元区,因此希腊以加入欧元区的时间为界划分为两个时期,1992 年第 1 季度至 2000 年第 4 季度为第一时期,2001 年第 1 季度至 2006 年第 4 季度为第二时期。

（三）结果分析

随着经济一体化的加深，欧盟成员国的经济周期更加趋同。特别是在实行统一货币政策之后，欧盟国家经济周期逐渐趋同。首先，本书对欧洲经济货币联盟成立前后，就实际利率对经济周期的影响进行了分析。由于欧盟国家实行统一的名义利率，并将通货膨胀率的目标限定在 0~2% 的范围内，因此各国的实际利率明显趋同。实证结果表明，统一利率实施之后成员国的经济周期更为趋同。然后对 M3 增长率与经济周期的关系进行了分析，结果表明，对 M3 增长率限定在 4.5% 之后欧盟成员国的经济周期也表现得更加趋同。因此，对欧盟 14 个成员国的研究表明，实行统一的货币政策对成员国经济周期趋同具有积极作用。

三 欧盟统一的货币政策与经济周期波动趋同的关系

欧盟的货币一体化伴随经济一体化深入发展，各成员国货币政策上交到欧盟层面，初步实现了统一货币政策传导的条件。欧洲货币一体化的过程大致如下：1979 年建立欧洲货币体系，形成以欧洲货币单位为核心的双重中心汇率运行机制，以及以信贷体系为辅助手段的区域性可调整固定汇率制度，为欧洲经济货币联盟的建立奠定了基础；1989 年《德洛尔报告》强调了在所有成员国实现货币自由兑换、资本市场完全自由化和金融市场一体化；1992 年《马斯特里赫特条约》正式提出欧洲经济货币联盟的建设进程，并提出引入单一货币——欧元的设想。

经过实施，欧盟的统一货币政策分三个阶段最终得以实现。第一阶段（1990~1993 年），欧洲统一大市场启动，欧共体正式更名为欧盟，旨在促进欧盟各国经济、货币、财政政策协调和趋同的《马斯特里赫特条约》正式生效，《欧洲中央银行章程》正式出台。第二阶段（1994~1998年），欧洲货币局建立，从欧盟总体货币形势出发，每年公布货币供应量M3的增长上下限，以此监控、协调各成员国货币政策，EMS汇率运行窄幅波动再度缩小。第三阶段（1999~2002年），欧洲货币一体化完成，1999年1月1日11个欧盟成员国启动欧元，在欧元区内实行永久固定汇率制，实现货币、货币政策、中央银行"三个统一"。欧洲中央银行执掌货币发行权和货币政策决定权，成员国国家中央银行参与并执行欧洲中央银行货币政策的决策，决定各自的业务政策，并按欧洲中央银行的指令管理外汇储备等。欧洲中央银行统一货币政策传导机制的构建初具雏形。

根据实证分析，关于欧盟统一货币政策对经济周期波动的影响可以得出以下结论：M3增长量对欧盟成员国的经济周期趋同性具有积极影响，而且在实行统一货币政策之后对经济周期的影响作用增大；实际利率对欧盟国家经济周期同样具有趋同影响，但是实行统一利率之后利率对经济周期的影响作用略有减弱。

实行统一货币政策之后，欧盟的利率对经济周期的影响比之前有所减弱。一方面，因为成员国之间的宏观经济状况存在差异，统一的货币政策对各个成员国的适用度不尽相同；另一方面，欧盟成员国对于货币政策的传导机制仍然存在差距，影响了共同货币的实施效果。对于统一利率的上升，欧元区各国会因各自的货币传导机制和经济主体的差异而产生不同的效果。货币政策传导速度越快、影响力度越大的国家，所承受的冲击力和产出损失越大。

欧盟各国货币政策传导机制的差异主要表现为以下几个方面。

第一，各国金融中介不同。欧盟国家的金融体制存在差异使得经济主体的融资渠道不同。在英国和法国等资本市场较为发达的国家，主要通过直接融资从资本市场获得资金；而像德国等以银行为金融中心的国家，则主要通过间接融资从银行获得资金。因此，以直接融资为主的国家受货币政策的影响比以间接融资为主的国家更快而且程度更大。

第二，各国银行业的竞争程度不同。一般情况下，银行的存贷款利率是由银行之间的协议方式决定的。因此，当政策利率发生变化时，在银行业竞争程度较大的国家，货币政策的传导更多是由市场决定，其传导速度相应更快。例如，当中央银行政策利率调整100%时，一年后银行业缺乏竞争性的德国商业银行贷款利率变动74%，而银行业竞争程度大的荷兰则变动103%。[1] 因此共同货币政策对银行竞争程度高的国家产生的影响比较大。

第三，各国融资期限不同。例如，意大利的贷款合同以短期为主，短期贷款约占全部贷款的73%；而德国的贷款期限较长，这一比率仅为39%。以短期借贷为主的国家，欧洲共同货币政策的传导速度较快，对经济的冲击力也相应较大。

由此可见，欧洲统一货币政策对成员国的影响不同，主要是由各国金融体制和金融中介的差异造成的。这一差距可以通过相应的政策进行结构调整，而各国金融机构体制的趋同是消除货币政策传导机制差异的根本途径。货币政策传导机制差异也是导致共同货币政策对各国宏观经济调控效果有限的主要因素之一。目前欧盟正在

---

[1] Rudiger Dornbusch, Carlo A. Favero, Francesco Giavazzi, "The Immediate Challenges for the European Central Bank", in *NBER Working Papers*, No.1, 1998.

对欧盟内的货币政策传导机制进行改革。随着成员国货币政策传导机制的进一步统一,统一货币政策对欧盟经济周期趋同的影响将会逐渐增大。

第三节　协调财政政策对欧洲经济周期趋同的影响

一　财政政策对经济周期趋同的作用机理

随着区域经济一体化的迅速发展,区域内国家经济周期的相互影响不断增强,其中国际经济政策协调发挥了重要作用。从国际政策协调的实践来看,各国协调的主要有财政政策和货币政策。货币政策在上一节中已有阐述,本节将主要就财政政策协调对经济周期的影响加以分析。财政政策是政府通过财政手段对国民经济实行宏观调控的政策手段,旨在实现供求平衡、收入分配合理及资源配置优化,从而促进经济持续快速稳定增长。财政政策协调主要包括政府支出、税收、政府债务等。

(一) 财政政策趋同对经济周期趋同的影响

从经济一体化的角度来看,传统的最佳货币区理论讨论了关于货币联盟中国家财政政策的问题。主要观点有二。第一,最好能够在联盟层面集中相当大的一部分国家预算,中央预算允许遭受负面冲击的国家能够享有自动的转移支付,从而降低各国加入货币联盟的社会成本。第二,如果在货币联盟中无法实现各国政府预算的集中(目前欧洲货币联盟正是这种情况),就应该允许各国政府以灵活的方式使用国家财政政策，也就是当各国受到负面冲击时，应该允许其通过内在的自动稳定器（降低政府收入，增加社会支出）增加财政赤字。

最佳货币区理论强调保持国家财政政策的灵活和自主权，这与新古典综合派的税收政策理论有关。该理论认为税收对经济的调节作用主要表现在两个方面。一是通过税收的"内在稳定器"功能，减轻国民经济的波动。在经济繁荣时期，国民收入增长，税收收入以更快的速度增长，从而有利于控制社会总需求，防止通货膨胀。在经济危机和萧条时期，国民收入下降，税收收入以更快的速度下降，从而有利于刺激消费和投资，促进经济走向复苏。二是通过"相机抉择"的税收来"熨平"经济波动，推动国民经济的持续稳定增长。政府应根据不同时期国民经济运行的具体情况制定和执行不同的税收政策，通过税收政策的相应调整来有效地调控经济生活。因此，税收的调节功能可以通过在增长时期的盈余弥补衰退时期发生的赤字，从而使得政府财政在整个经济周期中保持平衡。即税收的调节功能可以"熨平"衰退时期产生的财政赤字，进而达到平抑经济周期引起的经济波动、促进经济稳定增长的目的。这就是财政政策理论中自动稳定器的周期性功能。

财政政策具有平抑经济周期波动的作用，那么不同国家之间趋同的财政政策对各国的经济周期是否具有趋同的引导作用？一国的财政政策会对有经济联系的其他国家具有溢出效应。一方面，当一个国家经济繁荣时，国内的财政政策可以将经济的繁荣通过国际贸易等途径传递给其他国家；另一方面，当一个国家经济出现衰退时，这个国家的债务和财政赤字也会危害其他国家，并会给欧洲中央银行带来压力。如果各国具有趋同的或者协调的财政政策就可以避免国家之间的非对称冲击，通过协调的财政政策引导各国向趋同的经济周期阶段发展，甚至可以促使各国的经济周期趋同。

实证研究表明，由趋同标准形成的财政纪律、欧盟的财政政策协调与经济周期的协动性之间存在密切的关系。这一关系可采用"财政趋同"或"财政离散"来表示。"财政趋同"或"财政离散"用于描述欧盟成员国的财政赤字占国内生产总值比重的动态趋势，前者指成员国之间该比重的差异趋于收敛，后者指成员国之间该比重的差异趋于发散。实证研究表明，"财政趋同"或"财政离散"与经济周期的趋同呈正相关或负相关。例如，戴维斯等[1]根据21个经济合作发展组织（OECD）国家近40年的数据（实际国内生产总值、失业率）对上述论证进行检验，研究结果表明两国政府预算状况的持续离散对经济周期的协动性具有负向效应。也就是当各国的财政政策差异较大时，各国的经济周期呈现非趋同性。

（二）欧洲财政政策协调

欧洲经济货币联盟建立之后，欧盟集权的货币政策与成员国分权的财政政策之间形成鲜明对比。以价格稳定为主要目标的货币政策由独立的欧洲中央银行统一执行，在经济货币联盟中占据主导地位，有效地促使所有成员国向同一方向发展。财政政策仍然保留为成员国的职权，主要任务是在遇到不对称冲击时进行必

---

[1] Darvas, Zsolt, "Fiscal Divergence and Business Cycle Synchronization: Irresponsibility is Idiosyncratic", in *NBER Working Papers*, No. 11580, 2005.

要的经济调整。在欧盟的宏观经济政策中,财政政策是分权程度最高的,不仅无法与统一的货币政策相比,甚至不如农业、贸易和竞争等共同政策的集中程度。由于财政政策仍然由成员国制定,如何协调成员国之间的财政政策是保证欧洲经济货币联盟顺利运行的必要条件。因为如果一国政府处于债务不断增加的不可持续的路径中,就会对货币联盟内其他国家产生负面的溢出效应。允许债务率持续上升的国家,将不断地求助于货币联盟的资本市场,因此会使货币联盟的利率不断上升,从而对统一的货币政策产生压力。而利率的上升会增加其他国家的政府债务负担。如果这些国家的政府希望稳定债务率,他们将被迫采取更为紧缩的财政政策。由于一国债务的增加会使其他国家采取更为紧缩的经济政策。所以对每一个成员国的预算赤字规模进行约束符合其他成员国的利益。因此,欧盟为了协调成员国之间的财政政策而制定了严格的财政纪律。

经济货币联盟成员国财政政策的协调更多是在欧盟层面上展开的。它体现在三个方面。第一,建立共同财政。成员国将一部分财政收入交给欧盟这个超国家机构,然后用于再分配。第二,通过《马斯特里赫特条约》及其后的《稳定与增长公约》确立成员国共同遵守的财政纪律,为成员国财政政策提供依据和准则。第三,协调成员国的财税体制并促进趋同。目前欧盟共同财政部分还不具备宏观调控功能,仅用于其他方面的协调,如共同农业政策、区域经济发展平衡等。

1993年生效的《马斯特里赫特条约》和1997年生效的《稳定与增长公约》(又称《阿姆斯特丹条约》),规定了欧盟财政政策的基本规则。《马斯特里赫特条约》对成员国财政政策作出了原则性规定：从 1994 年起，欧盟各成员国的财政赤字占国内生产总值的比重（即赤字率）不能超过 3%，政府债务占国内生产总值的比重（即债务率）不能超过 60%。《稳定与增长公约》在进一步明确《马斯特里赫特条约》规定的财政政策原则基础上，确定了欧盟财政政策协调的规则、过度财政赤字的惩罚程序，以及建立预警机制监督各国财政运行状况，保证各成员国在中期内（从 1997~2004 年）实现财政基本平衡或者略有盈余。

《稳定与增长公约》被认为是欧盟经济稳定的根本保证，也是欧元稳定的基石。按照《稳定与增长公约》规定，成员国必须确定实现中期财政预算目标的时间表，努力实现预算基本平衡或略有盈余；欧盟对成员国财政政策的制定及实施进行协调和监督，如果判定某一成员国赤字率可能或已经超过 3%，就向该国提出警告并要求其进行纠正；如果成员国仍不执行，欧盟就会启动过度赤字惩罚程序。

在区域经济一体化条件下，大量实证研究表明，财政政策协调程度高的经济一体化组织的经济周期协动性较强。欧盟是迄今为止经济联合程度最高的经济一体化组织，建立经济货币联盟的"趋同标准"及保证联盟运行的《稳定与增长公约》，对各国财政政策实行了严格的约束，包括财政赤字、公债规模、通货膨胀率、长期利率水平和汇率波动等的严格规定。

二 财政政策对经济周期趋同的实证分析

本节主要考察欧盟财政政策指标的趋同与经济周期趋同之间的关系。使用财政赤字、财政支出和财政收入占其国内生产总值的比重作为衡量财政政策的主要变量，并将这三个变量各自的方差作为财政政策的趋同性指数，它们的方差分别用 σ_1^2、σ_2^2 和 σ_3^2 表示。经济周期趋同的主要变量用各国经济周期指数的方差 σ_0^2 表示。研究样本仍然选取欧盟 14 个国家作为研究对象。

我们主要研究欧盟成员国的财政政策趋同是否促进了国家间经济周期趋同，图 4-5 展示的是欧盟 14 个国家分别以财政赤字、财政支出和财政收入衡量的财政政策趋同性指数的变动情况，即 σ_1^2、σ_2^2 和 σ_3^2。首先检验这些国家的财政政策是否趋同，然后再检验这些国家财政政策的趋同是否导致了国家间的经济周期趋同。财政政策是否趋同主要以这些财政指标的方差来度量，如果方差随着时间发展逐渐变小了，则表示国家间财政政策逐渐趋同。

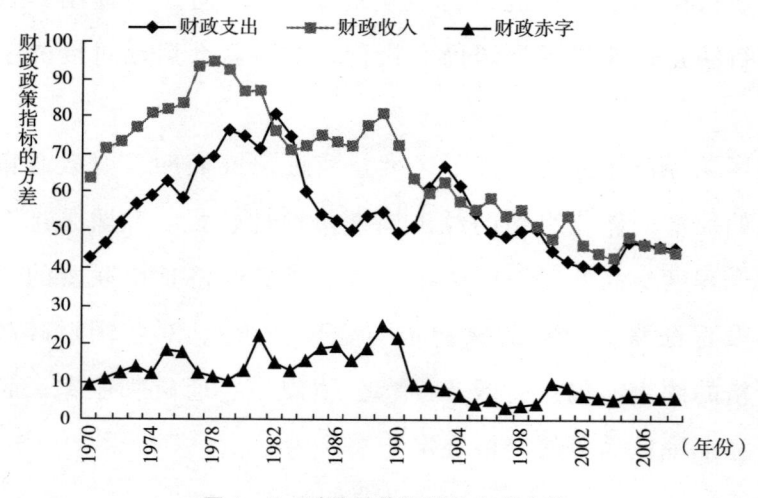

图 4-5 财政政策指标的方差走势

资料来源：笔者根据研究结果绘制。

从财政政策主要变量方差的走势来看（见图 4-5），欧盟这些国家的财政政策，不论用财政赤字、财政支出还是用财政收入来衡量，1970 年至 2010 年之间欧盟 14 个成员国的财政政策指标的方差都有缩小的趋势，说明欧盟的财政政策的确在逐渐趋同。特别是在20世纪90年代初期之后，这种趋同作用明显增强。其原因是，1993年欧盟国家的《马斯特里赫特条约》正式生效，对欧盟国家的财政赤字率和负债率都有明确规定，因此各国的财政政策指标显著趋同。

趋同的财政政策是否导致了成员国的经济周期趋同呢？下面运用格兰杰因果关系检验和回归分析检验财政政策和经济周期趋同之间的关系。格兰杰因果关系检验结果如表4-4所示。

表4-4　财政政策与经济周期趋同的格兰杰因果关系检验

原假设	滞后阶数	F统计值	伴随概率
政府支出不是经济周期趋同的格兰杰原因	1	2.24	0.14
	2	1.80	0.18
	3	1.09	0.36
	4	1.32	0.28
经济周期趋同不是政府支出的格兰杰原因	1	2.71	0.11
	2	1.48	0.24
	3	4.96	0.01
	4	4.29	0.01
政府收入不是经济周期趋同的格兰杰原因	1	6.60	0.01
	2	2.85	0.07
	3	1.97	0.14
	4	2.23	0.09
经济周期趋同不是政府收入的格兰杰原因	1	0.54	0.47
	2	0.39	0.68
	3	0.45	0.72
	4	1.18	0.37

续表

原假设	滞后阶数	F统计值	伴随概率
财政赤字不是经济周期趋同的格兰杰原因	1	6.64	0.01
	2	3.72	0.03
	3	6.78	0.00
	4	4.58	0.01
经济周期趋同不是财政赤字的格兰杰原因	1	0.67	0.42
	2	0.32	0.73
	3	0.92	0.44
	4	1.11	0.37

资料来源：笔者根据研究结果编制。

表4-4的结果表明，欧盟成员国的财政赤字和财政支出趋同是其经济周期趋同的原因，而财政收入则不是。这一点，从经济意义上来讲是符合经济学原理的。这是因为，财政支出能够直接对经济发展产生影响，财政赤字更是与财政支出正相关，因而它对经济的影响应该与财政支出保持一致。而财政收入对经济增长的影响则是间接的。例如采用扩张性财政政策，增加财政支出，会直接扩大社会总需求，进而增加社会产出。而减税等财政收入政策是通过增加民间可支配收入，间接地扩大民间投资需求和消费需求，从而达到增加社会产出的目的。

下面将通过分别研究 σ_1^2、σ_2^2 和 σ_3^2 与经济周期指数方差 σ_0^2 的关系，说明财政政策趋同对经济周期趋同的影响，通过进行回归分析，得出财政赤字趋同性指数与经济周期趋同的回归方程。方程如下：

$$\sigma_0^2 = 6.37 + 1.62 \times \sigma_1^2$$

$$R^2 = 0.24 \quad t = 3.80$$

实证结果图示如下：

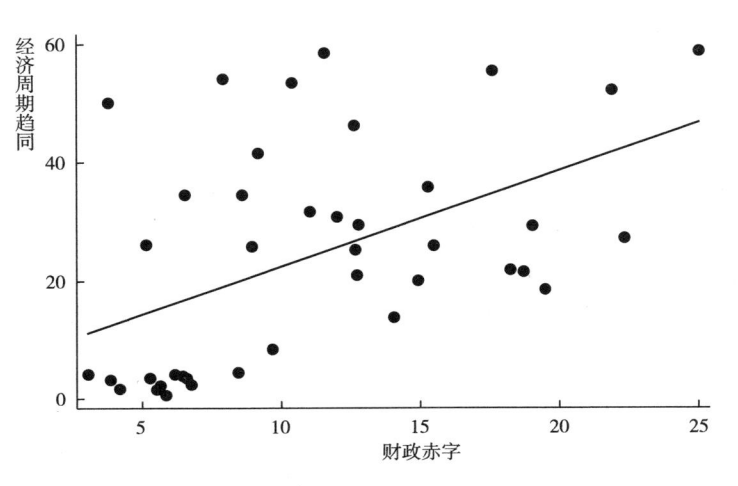

图 4-6 财政赤字与经济周期趋同的关系

财政支出趋同性指数与经济周期趋同回归方程为：

$$\sigma_0^2 = -34.079 + 1.07 \times \sigma_2^2$$

$$R^2 = 0.38 \quad t = 5.11$$

实证结果图示如下：

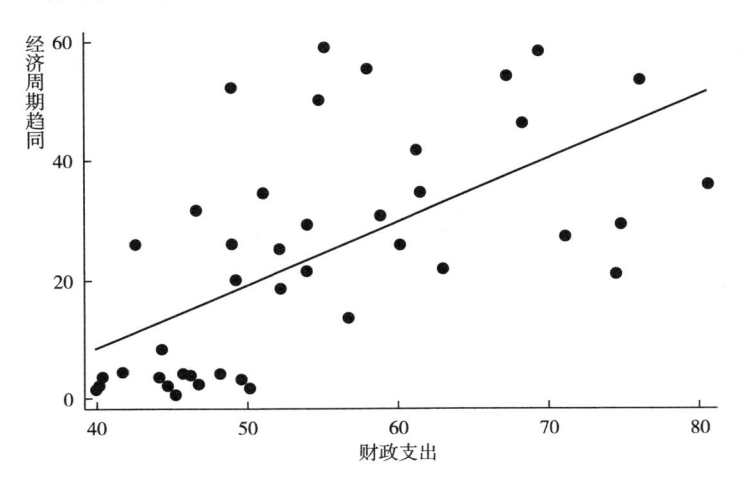

图 4-7 财政支出与经济周期趋同的关系

财政收入趋同性指数与经济周期趋同回归方程为：

$$\sigma_0^2 = -30.49 + 0.84 \times \sigma_3^2$$

$$R^2 = 0.51 \quad t = 7.95$$

实证结果图示如下：

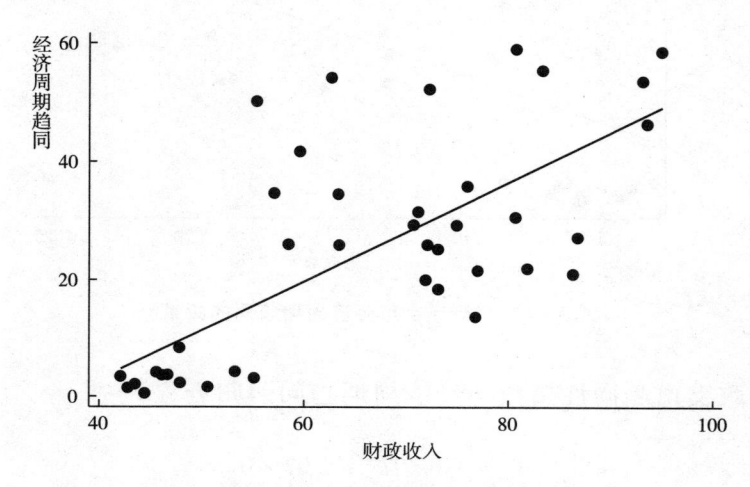

图 4-8　财政收入与经济周期趋同的关系

图 4-6、图 4-7 和图 4-8 分别表示了欧盟政府赤字、财政支出和政府收入的差异性与经济周期趋同的关系。结果表明，随着这些国家的财政政策的差异性越大，它们的经济周期的差异性也会越大。而在现实状况中，欧盟各个国家随着经济一体化程度的加强，它们的财政政策也越来越趋同，而财政政策的趋同也成为其经济周期趋同的又一个重要原因。总之，从对欧盟的财政政策与经济周期趋同的分析来看，可以得出结论：随着欧盟各个国家财政政策的趋同，它们的经济周期也开始趋同，财政政策的趋同也是导致它们经济周期趋同的原因之一。

1970~2010 年，欧盟 14 个国家的赤字率、财政支出占国内生产总值比重和财政收入占国内生产总值比重的方差都呈下降趋势，尤其从 1990 年开始显著下降,表明欧盟国家的这三个指标都更为趋同。同一时期,这些国家的经济周期波动也趋于相似,特别是从 1996 年开始显著趋同。实证结果表明,财政政策指标的趋同与经济周期趋同具有正相关的关系,即前者的趋同对经济周期趋同具有促进作用。

三 欧盟财政政策趋同与经济周期趋同的关系

财政趋同标准是加入欧洲经济货币联盟的硬性条件,这对 1994 年经货联盟进入第二阶段以后成员国的财政政策产生了重要影响。在 1998 年 3 月欧洲货币局的评估中,绝大部分国家的财政赤字、通胀率、长期利率和汇率波动幅度达标,但公共债务大多没有达标。欧元启动前夕,所有欧元区成员国都成功地将赤字降低到国内生产总值的 3% 以下,三分之一以上的成员国更是实现了财政盈余,但仍有 5 个成员国的公共债务超标。

1992 年签订《马斯特里赫特条约》时,意大利的赤字率占国内生产总值的 10.7%,并且这一指标已经连续十年保持在 11% 左右。这与一向保持低赤字率水平的德国形成鲜明反差,1992 年德国预算赤字仅为 2.6%[①]。为了达到《马斯特里赫特条约》趋同标准的要求而能够加入欧洲经济货币联盟,1999 年,意大利的赤字率下降到 1.7%,接近德国的 1.5% 的水平。也就是 1992 年至 1999 年意大利的赤字率下降了 9 个百分点。意大利对赤字率的调整不仅使意大利满足了趋同标准的要求而得以加入欧元区,而且通过赤字率的调

[①] European Commission, Table 7A of "Cyclical Adjustment of Budget Balances", in *DG ECFIN Economic*, Spring 2005, p. 46.

整,意大利的经济增长也更加趋近于德国的经济增长水平。1999年,意大利国内生产总值增长3.3%,德国增长2.6%,两国的国内生产总值增长率的差距由1992年的2.1个百分点下降到0.7个百分点[①]。因此,成员国财政政策的协调促进了意大利和德国的经济周期趋同。由于财政政策趋同可以有效降低国家特有的财政行为对宏观经济的干预,因此欧盟成员国财政政策的趋同有可能促进国家间经济周期的趋同。

传统理论认为财政政策是当国家受到不对称冲击时可以用来平抑经济周期的唯一的宏观经济政策工具,然而,《马斯特里赫特条约》中规定的五项趋同标准将成员国的财政赤字限定在一个较低的水平,《马斯特里赫特条约》有可能提高成员国经济周期趋同水平。事实表明,成员国财政政策的趋同通过减少各国的财政冲击确实促进了国家间经济周期的趋同。目前,《马斯特里赫特条约》的经济趋同标准仍然是评估加入欧元区国家的标准,而且《稳定与增长公约》仍将是约束欧盟国家财政政策的标准。这两项制度将促进欧盟国家的财政趋同,并将在一定程度上影响成员国的经济周期趋同。

第四节 小结

本章主要采用理论和实证相结合的方式,分析对外贸易、统一货币政策和协调财政政策对欧盟成员国的经济周期趋同的影响,实

---

① European Commission, *The EU Economy* 2002 *Review*, No. 6, 2002, p. 282.

证研究对象是欧盟的 14 个老成员国，实证研究得出了以下结论。

第一，贸易一体化对经济周期趋同具有积极影响。欧盟贸易一体化促进了成员国之间贸易的增加，并形成了以德国为核心的分层次向外辐射的稳定的贸易格局，加上欧盟内部贸易是以产业内贸易为主，从而使得贸易一体化对欧盟经济周期趋同具有积极作用。另外，相比较而言，欧盟成员国间贸易比欧盟总贸易（包括与非欧盟成员国的贸易）对经济周期趋同的影响更为显著。

第二，统一货币政策对经济周期趋同具有推动作用。文中选取实际利率和 M3 增长率探讨对经济周期趋同的影响。实证结果表明，统一利率实施之后成员国的经济周期更为趋同。但是，由于各国的宏观经济状况和货币传导机制存在差异，实行统一货币政策之后实际利率对经济周期趋同的影响略有减弱。M3 增长率被限定在 4.5%之后欧盟成员国的经济周期也表现得更加趋同，而且统一货币政策实施后这一作用进一步增强。总体来看，实行统一货币政策后，实际利率和 M3 供应量对成员国的经济周期趋同性具有积极影响。

第三，协调财政政策在一定程度上促进了经济周期趋同。文中使用财政赤字、财政支出、财政收入占 GDP 比重作为衡量财政政策的经济指标，分析财政政策趋同对成员国经济周期趋同的影响。实证结果表明，《马斯特里赫特条约》出台之后，欧盟国家的财政政策逐渐趋同，特别是在 20 世纪 90 年代初期之后这种趋同作用明显增强。随着欧盟各个国家财政政策的趋同，成员国的经济周期也开始趋同。其中，财政赤字和财政支出趋同是促进经济周期趋同的原因，但是财政收入不是。总体来看，财政政策的趋同对成员国的经济周期趋同具有一定的促进作用。

第五章
欧洲经济周期趋同的特征

第一节 欧盟的经济核心国家集团

随着欧洲经济一体化的发展,欧盟国家的经济周期波动呈现趋同的态势,那么欧盟国家经济周期趋同对欧盟国家的经济格局产生了哪些影响?本章通过对1992~2006年欧盟14个国家的聚类分析,探讨在1999年实现欧洲经济货币联盟之后,欧盟国家经济周期的发展变化。即分析在欧盟内部是否形成了经济核心国家集团,其对欧盟整体的经济周期具有哪些影响。本章最后将从宏观经济学角度分析欧盟国家经济周期发展的共同特征。

一 实证分析

本书采用皮尔逊相关系数[①](Pearson Correlation Coefficient)对

---

① 皮尔逊相关系数是常用的相关系数,也是缺省的相关性衡量的指标,适用于规则的数值变量。

欧盟国家的经济周期进行分层聚类分析。聚类分析是根据事物本身的特性研究个体分类的方法，其原则是同一类中的个体具有较大的相似性，不同类的个体差异较大。为了比较分析1999年欧洲经济货币联盟成立前后欧盟国家的分类情况，本节将整体数据分为1992～1998年和1999～2006年两个阶段，对欧盟14个国家的经济周期指数进行比较分析。

图5-1和图5-2展示了1992～1998年和1999～2006年两个时期的聚类分析结果。图中左侧显示的是国家名称，根据国家间经济周期指数相关系数的大小以及类间距离将14个成员国按照升序进行纵向排列，即第一个国家与其他国家经济周期的相关性最大，最后一个国家与其他国家经济周期的相关性最小。图中横轴的数字是由0-25表示类间距离，左端为原点，从左至右数值逐渐增大，表示国家之间经济周期的差异逐渐增大。成员国的分组从具有高度相关性的国家开始，根据分组的顺序相关性逐步扩散。

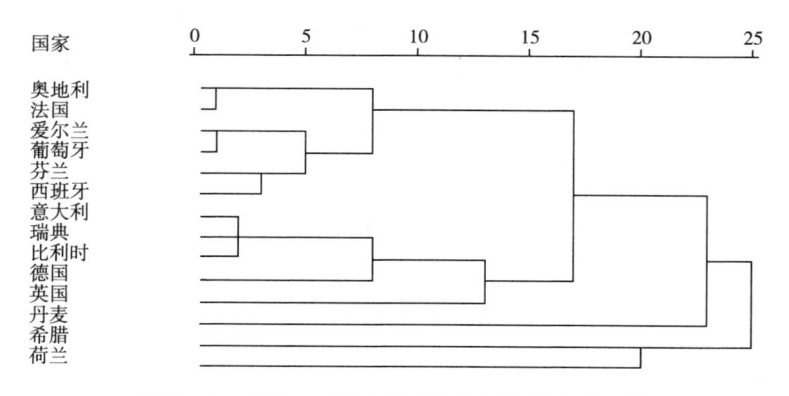

图5-1 1992～1998年欧洲经济周期聚类分析图

聚类分析的原理简要介绍如下。聚类分析主要以考察对象间的距离作为指标间的亲近度，首先合并距离最近的两类为一个新类，并将这一最短距离和合并信息记录下来；然后计算新类与当前各类

```
国家      0      5      10     15     20     25
德国
荷兰
意大利
法国
比利时
芬兰
奥地利
瑞典
丹麦
西班牙
葡萄牙
英国
爱尔兰
希腊
```

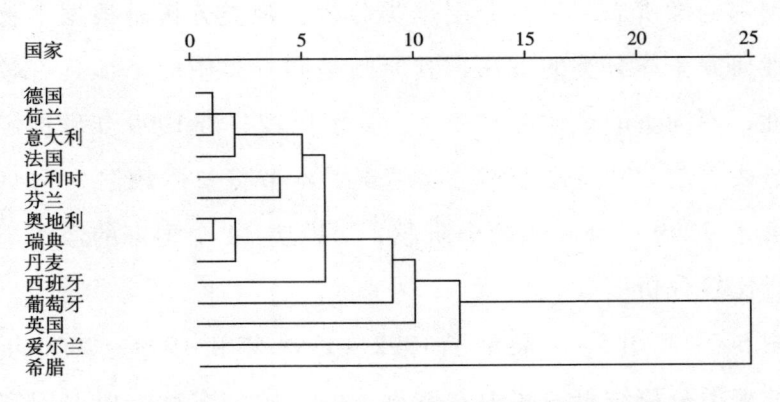

图 5-2　1999~2006 年欧洲经济周期聚类分析图

的距离，直到所有的指标都成为一类为止，则可以画出聚类分析图。根据聚类分析图将考察对象按指标的聚类分析划分为几类。对于聚类分析图，可以画一条垂直线与聚类图相交，如果有 n 个交点则可以将考察对象分为 n 类，类别的个数可以根据需要自由选择。

　　本节采用经济周期指数将欧盟 14 个国家进行分类，1992~1998 年（见图 5-1）根据上述方法从类间距为 15 处画一条垂直线，由于垂直线与聚类图有 5 个交点，因此可以将国家分为 5 类：第 1 类包括奥地利、法国、爱尔兰、葡萄牙、芬兰、西班牙；第 2 类包括意大利、瑞典、比利时、德国、英国；第 3、4、5 类分别为丹麦、希腊和荷兰。由于后三类都只包括 1 个国家，而且这三类是与其他国家差异最大的国家，因此我们在以下的分析中将第 3、4、5 类合并为一组，作为一个整体进行分析。由此可以将 14 个国家分为 3 组（见表 5-1）。根据类似方法对 1999~2006 年聚类分析图进行分类，首先从类间距为 6 处画一条垂直线，该线与聚类图有 7 个交点，可以分为 7 类。第 1 类包括德国、荷兰、意大利、法国、比利时、芬兰，第 2 类包括奥地利、瑞典、丹麦，第 3、4、5、6、7 类分别为西班牙、葡萄牙、英国、爱尔兰和希腊。由于希腊、英国和爱尔兰与其他国家差距最大，因此作为一组，根据1999~2006年的聚类分析图可以将14个国家分为3组（见表5-1）。

表5-1 根据聚类分析结果对国家进行分组

	1992~1998年	1999~2006年
第1组	奥地利、法国、爱尔兰、葡萄牙、芬兰、西班牙	德国、荷兰、意大利、法国、比利时、芬兰
第2组	意大利、瑞典、比利时、德国、英国	奥地利、瑞典、丹麦、西班牙、葡萄牙
第3组	丹麦、希腊、荷兰	英国、爱尔兰、希腊

资料来源：笔者根据研究结果编制。

如图5-2所示，1999~2006年德国、荷兰、意大利、法国、比利时、芬兰6个国家具有较强的相关性，可以作为第一组国家。根据图5-1和图5-2所示，第二时期各国之间的差异明显小于第一时期，特别是第一组国家之间的差异显著减小，表明1999年之后各国的经济周期波动的差异性显著减小，即各国经济周期波动表现得更为趋同。第二时期的第一组国家的趋同性表现得最为显著，因此可以认为在第二时期形成了欧盟的经济核心集团。这个经济核心集团就是第一组的成员，包括德国、荷兰、意大利、法国、比利时、芬兰6个国家。

下面着重分析1999年欧洲经济货币联盟建立之后，欧盟成员国经济周期趋同情况的变化。从表5-1中可以看出，1999年之后第一组成员包括德国、荷兰、意大利、法国、比利时、芬兰6个国家，这个经济核心集团的成员大多数是欧盟的创始成员国[①]，说明在经过半个世纪的经济一体化进程之后，欧盟的创始成员国在经济周期趋同方面形成了核心地位。第二组成员包括奥地利、瑞典、丹麦、西班牙、葡萄牙5个国家，多数国家的经济发展与第一组国家存在差距。第三组成员包括英国、爱尔兰和希腊3个国家，其中英国和爱尔兰与欧盟其他国家存在较大差异，再次印证了这两个国家由于经济政策导向不同[②]，经济周期表现得与欧盟其他国家具有较大差异。另外，希腊的经济发展水平明显落后于德国等发达国家，因此与欧盟其他国家的经济周期也存在较大差异。

其中，德国在两个时期内发生了较大的变化。在第一时期（1992~1998年）德国排名第十，位于第二个小组。德国在东西德统一之前是欧盟的贸易中心，并且德国经济周期的波动与欧盟的平均经济周期比较接近，可以认为是欧盟的核心国家。聚类分析结果表明1992~1998年德国与欧盟其他国家的经济周期波动差异较大，这主要是因为1989年德国统一对德国经济增长产生一定的影响，使其偏离了正常的经济增长轨道。在第二个时期，德国由第十名国家跃居为第一名，说明德国在消除了90年代初两德统一的影响之后，重新成为欧盟的核心或锚定国家。

另外值得一提的是芬兰。芬兰在加入欧盟之前与欧盟整体的经济周期波动表现出较大的差异性。芬兰于1995年加入欧盟特别是在

[①] 1965年4月8日，法国、联邦德国、意大利、荷兰、比利时和卢森堡6国签署《布鲁塞尔条约》，建立"欧洲共同体"。

[②] 英国和爱尔兰实行与美国相近似的经济政策，寻求经济的快速增长，而欧盟的经济政策以稳定发展为主，二者的经济政策导向不同导致经济增长差异较为明显。详细内容可参看第三章。

1999年加入欧元区之后,在国内大力推行欧盟统一的经济政策,因此与欧盟国家的宏观经济发展更为接近,并表现出与欧盟经济核心国家较强的相似性,直至成为经济核心国家集团中的一员。

由此可以看出,随着欧洲经济一体化的发展,欧盟国家的经济周期趋同逐渐形成以德国为中心的经济核心国家集团。在聚类分析的结果中,德国位居核心集团国家的首位,表明德国与其他国家经济周期的差异最小,可以称作是欧盟的核心或锚定国家。德国具有如此重要的地位与其在欧盟内部具有重要的经济和政治地位是分不开的。首先,德国是欧盟中经济实力最强的国家。欧盟统计资料显示,2008年德国的国内生产总值占欧盟15国的23%,占欧元区12国的29%[①],而且长期以来,德国一直是世界排名第二位的进出口贸易大国。其次,德国在欧盟内部具有重要的政治影响力。德国在推进欧洲经济一体化的进程中,例如在欧盟机构改革、欧元的建立和启动、欧盟东扩、共同外交和安全政策等领域内,起着举足轻重的作用。

二 欧盟经济核心国家集团的形成原因

(一) 经济实力具有决定作用

欧盟经济核心国家的国内生产总值在欧盟国家中均位居前列,其整体经济实力对欧盟国家具有主导影响。从经济总量上看,2008年,这些经济核心国家的国内生产总值占欧盟15国的66%[②],这些

[①] *OECD Economic Outlook*, No. 84, December 2008.

[②] 根据 *OECD Economic Outlook*, No. 84, December 2008 的数据计算。

国家的经济总量构成欧盟国家的主体部分，对欧盟整体的经济走势具有决定作用。另外，核心集团国家的对外贸易量是欧盟对外贸易量的主要构成部分。2007 年这些经济核心国家对欧盟其他国家的贸易占欧盟内部贸易的 64%[①]，经济核心集团对欧盟的整体对外贸易走势起着主导性作用。更为重要的是，这些国家由于经济发展水平接近导致贸易往来较多，而贸易的频繁往来又促进了这些国家的经济融合，使得这些国家的经济发展更为相似，国家间的经济凝聚力更强，故而随着经济一体化的发展逐渐形成了经济核心集团。

（二）贸易格局为经济核心集团国家的形成奠定了基础

欧盟内部贸易呈现以德国为核心向外辐射的格局，为经济核心国家集团的形成奠定了基础。表 5-2 描述了欧盟国家之间的贸易往来情况。从表中可以看出，经济核心国家之间互为主要贸易伙伴。从表 5-2 可以看出，欧盟国家内部贸易以德国为中心，再加上法国、荷兰、比利时、意大利、英国、芬兰，构成了欧盟的贸易核心，经济核心国家集团包括除英国以外的所有贸易核心国家，由此可见，欧盟的贸易核心和经济核心国家集团具有较强的一致性。由于贸易核心国家具有更为密切的贸易往来，而且国家之间通过贸易往来传递宏观经济的波动，因而这些国家的经济周期的波动比较趋同，形成了经济核心集团。

从表 5-3 可以更为清晰地看出欧盟的核心集团国家之间贸易往来的情况，其中德国是所有其他经济核心国家的第一大贸易出口国。

---

① 原始数据来源：European Commission, *External and Intra-European Trade Monthly Statistics*, 2009 No. 3, p. 32. 笔者根据研究需要计算得出。

表 5-2　2007年欧盟国家贸易矩阵：出口的国家分布[①]（占该出口国对外贸易的百分比）

出口 进口	德国	荷兰	意大利	法国	比利时	芬兰	奥地利	瑞典	丹麦	西班牙	葡萄牙	英国	爱尔兰	希腊
德 国		31.3	21.4	22.6	25.6	19.2	41.1	17.0	24.4	15.2	16.8	19.2	11.6	17.7
荷 兰	10.0		3.9	6.6	15.6	9.8	2.5	8.2	6.8	4.0	4.3	11.7	6.3	3.1
意大利	10.3	6.4		13.8	6.8	4.9	12.2	5.1	4.9	12.6	5.2	7.1	5.6	16.6
法 国	14.7	10.8	19.0		21.8	6.2	4.9	8.2	6.9	26.6	16.0	14.1	9.2	6.4
比利时	8.1	17.4	4.9	12.0		4.3	2.0	7.5	2.2	4.0	3.3	9.2	22.7	2.5
芬 兰	1.6	1.3	0.9	0.7	0.8		0.6	10.4	4.1	0.6	0.7	1.5	0.7	0.9
奥地利	8.5	1.8	3.9	1.4	1.3	1.2		1.7	1.1	1.1	0.6	1.1	0.9	1.3
瑞 典	3.4	2.3	1.8	2.1	2	18.8	1.5		20.7	1.3	1.6	3.8	1.8	1.6
丹 麦	2.5	1.6	1.3	1.1	1.1	3.5	0.9	12.1		1.0	0.9	1.7	1.0	1.2
西班牙	7.6	4.6	12.3	13.1	4.8	4.8	3.9	4.6	4.3		35.3	7.8	5.8	5.2
葡萄牙	1.3	0.9	1.6	2.0	0.8	0.6	0.6	0.8	0.8	12.2		1.2	0.7	1.0
英 国	11.2	11.7	9.6	12.3	10	10.2	4.9	11.6	11.3	10.9	7.7		29.6	8.4
爱尔兰	1.0	1.2	0.8	1.0	0.9	0.6	0.4	0.9	2.2	0.8	0.6	13.8		0.5
希 腊	1.2	0.9	3.4	1.4	0.9	1.0	0.9	0.8	1.0	1.7	0.5	1.0	0.7	

资料来源：笔者根据 External and Intra-European Trade Monthly Statistics, 2009 No. 3 的数据编制。

---

① 表中数据全部是欧盟国家内部贸易数据。

对于第二大贸易出口国,则表现为核心集团国家之间互为主要贸易伙伴国。芬兰的第二大贸易出口国是瑞典,主要因为它们是加入欧盟的两个最为接近的北欧国家。由于地理位置接近和风俗习惯相似以及经济政策的趋同,两个国家的贸易往来频繁,互为主要贸易出口国[①]。

表 5 – 3　经济核心国家的主要贸易出口国

经济核心国家	第一大贸易出口国及占本国出口份额	第二大贸易出口国及占本国出口份额
德　国	法国(14.7%)	英国(11.2%)
法　国	德国(22.6%)	意大利(13.8%)
荷　兰	德国(31.3%)	比利时(17.4%)
比利时	德国(25.6%)	法国(21.8%)
意大利	德国(21.4%)	法国(19%)
芬　兰	德国(19.2%)	瑞典(18.8%)

资料来源:笔者根据表 5 – 2 的数据编制。

芬兰虽然地处北欧,与德国等大陆国家相距较远,但是芬兰对欧盟其他国家的出口贸易占本国对外贸易的比重较大,而且芬兰的对外贸易是芬兰经济增长的主要动力,因此芬兰的出口对国内经济发展具有重要影响。芬兰与其他欧盟国家的贸易往来主要表现为出口,主要的出口国包括德国、荷兰、瑞典、英国,这说明芬兰的贸易不局限于北欧周边国家,而是和大陆国家保持着紧密的贸易关系。特别是 20 世纪 90 年代以来,芬兰的电子通信技术迅速发展,

---

① 如表 5 – 2 所示,瑞典是芬兰的第二大贸易出口国,芬兰是瑞典的第四大贸易出口国。

诺基亚移动电话的通信技术具有当今世界的最高水平，国际市场份额位居世界第一。诺基亚作为欧洲手机市场的主力军，曾占据欧洲一半以上的市场份额，有效地连接了芬兰与欧洲大陆国家的贸易往来。诺基亚对本国的经济也具有重要作用。1998年诺基亚的产值占芬兰国民生产总值的10%，其出口对芬兰总出口的贡献高达20%，成为芬兰国民经济的主要支柱，对促进芬兰经济持续增长起到了关键性的作用。由此可见，芬兰以诺基亚为首的高科技产业为纽带，在欧盟共同经济政策的引导下，与欧洲大陆国家的经济联系比其他国家更为密切。因此，芬兰与大陆国家的经济波动也更为相似，并成为欧洲的经济核心国家之一。

（三）对欧洲经济一体化政策的态度和执行力度

经济核心国家对共同经济政策均表现出积极的态度，而且对政策的执行力度也较大。其中，德国不仅在欧盟的经济中具有核心地位，而且在欧洲经济一体化的发展中和法国一起起到关键性作用。法德联盟是欧洲经济一体化的核心。德国曾多次提出，德法应成为深化和扩展中的欧盟的核心。而在欧盟国家中，英国是个岛国，由于地缘政治和历史原因与美国有着"特殊关系"，一贯奉行与美国更为接近的经济政策，对经济一体化和欧元的启动不十分热心，在不少经济问题上还与成员国争论不休。尽管英国与其他成员国贸易往来较多，但是英国的经济周期与经济核心国家差距较大，根据经济周期趋同衡量的经济核心国家集团中也就不包括英国。其他成员国的面积、人口和经济实力不如德法两国。有关欧盟的重大问题，一般是德法两国先进行协商，再在欧盟有关机构中作出决定。例如，1985年12月，在德法两国的共同推动下，欧共体首脑会议通过了《单一欧洲法令》，决定于1993年建立统一大市场。1990年4月，两国首脑在都柏林召开的欧盟首脑会议上，倡导建立经济货币和政治联盟。在这一基础上，相继诞生了《马斯特里赫特条约》、《阿姆斯特丹条约》和欧洲单一货币——欧元。由此可见，德法两国的合作力量对欧洲经济一体化的发展具有决定性作用，德法两国的凝聚作用形成了以德国和法国为主导的经济核心国家集团。

第二节 欧洲经济周期波动的特征

根据前面的分析，可以得出欧洲经济一体化促使欧洲经济周期趋同的结论，那么欧盟整体的经济周期波动又具有什么共同特征呢？下面主要从宏观经济学的角度进行分析。

一 出口、投资、消费对经济增长的作用原理

在宏观经济学中，假设一个国家是在开放经济条件下，根据支出法计算该国的国内生产总值，就是在一定时期内消费、投资、政府购买和进出口这几方面支出的总和。宏观经济学中用以下公式说明：

$$GDP = C + I + G + (X - M)$$

其中C表示个人消费，包括用于耐用品、非耐用消费品和劳务的支出，不包括建造住宅的支出。I表示投资，指增加或更换资本资产（包括厂房、住宅、机械设备及存货）的支出。G表示政府支

出，指各级政府购买物品和劳务的支出，如政府设立法院，提供国防和建设道路等方面的支出。$X-M$ 表示净出口，其中 X 表示出口，M 表示进口。个人消费和政府支出之和是国内消费（下面简称为消费），因此国内生产总值可以看作是由消费、投资及净出口三部分组成，而消费、投资和出口的增长是推动经济增长的主要动力，也就是通常所说的拉动经济增长的"三驾马车"。

王鹤研究员指出，欧洲经济周期的基本变化规律，主要表现为出口增长作为前期推动力促进经济复苏，随后刺激内部需求的增长（一般先是带动投资增长，然后再带动消费增长），依次推动经济增长。[①] 根据宏观经济学原理，消费、投资和出口之间具有一定的联系，它们共同推动经济增长。这里简要介绍三者之间的相互关系及其对经济增长的促进作用。对于开放型国家，当经济周期达到谷底之后，出口首先开始增长，出口增加要求国内企业扩大生产以满足出口产品的供给，厂商为了追求利润而增加投资，于是国内投资开始上升。国内企业扩大生产和增加投资将推动国内就业的增加，居民的可支配收入提高，国内的购买力上升将推动个人消费增长，在经济形势较好的情况下，政府支出一般也有所增加，因此国内的消费出现整体上涨。由此看来，出口、投资和消费具有一定的联动效应，即出口带动投资，再推动消费，三者共同推动经济增长。欧盟国家正是符合这一变化规律的区域经济体。为了研究欧洲经济周期的波动规律，本书尝试深入分析这三个因素对经济增长的推动作用。

[①] 王鹤：《欧洲联盟经济形势》，载《2004—2005 欧洲发展报告》，中国社会科学出版社，2008。

二 欧元区的经济周期传导特征

从图 5-3 可以看出欧元区国家的经济增长率和出口增长率、投资增长率和消费增长率的相应变化情况。如当欧元区国家的经济发展从 1996 年开始出现复苏时，首先是出口迅速上升，并在 1997 年达到顶峰。投资在出口的带动下也开始增长，其增长幅度低于出口，并于 1998 年达到顶峰，比出口达到顶峰的时间滞后一年。投资以乘数作用推动收入增加[①]，进而促进消费增长，如图 5-3 所示，消费以低于投资的速度增长，并于 1999 年达到顶峰，比投资达到顶峰的时间滞后一年。由于出口、投资和消费都对经济增长具有推动作用，三者之间又具有一定的时滞性，当消费开始增长时，出口增长的速度有所减缓，但出口仍然保持为正增长，在三者的合力作用下，当消费达到最高点之前，经济增长即达到顶点；此后随着出口增长率的下降，导致投资增长减缓，进而带动消费增长减弱，三者在经济增长的下行阶段也依次起到拉动作用，直至经济增长达到谷底。这样，就形成了一个完整的经济周期，而整个经济周期的波动都是受到出口、投资和消费的依次带动。如图 5-3 所示，在本轮经济周期的繁荣阶段，经济增长于 1998 年达到顶峰，早于消费增长达到顶点的 1999 年。

本节将通过对欧元区 1990~2008 年的出口、投资和消费的实证分析来验证三者之间的关系。首先比较分析出口、投资和消费三者之间的相关系数。如果两个变量的相关系数大于 0.5，则表明二者具

---

① 投资的乘数：$k_i = \dfrac{1}{1-b}$，k_1 为投资乘数，b 为边际消费倾向，$k_i > 1$，$0 < b < 1$。

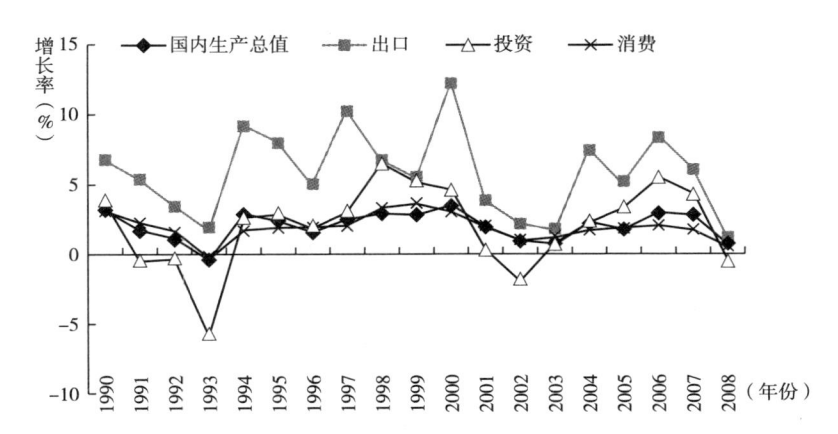

图 5-3 欧元区国内生产总值、出口、投资和消费增长率（1990~2008 年）
资料来源：笔者根据 *OECD Economic Outlook*，No. 84，December 2008 的数据绘制。

有较强的相关性。实证结果表明，欧元区的出口与投资、投资与消费具有较强的相关性，它们的相关系数分别是 0.68 和 0.86，均大于 0.5。因此，欧元区国家的出口与投资、投资与消费的增长具有较强的相关性。

另外，通过对欧元区出口周期、投资周期和消费周期的格兰杰因果检验。结果表明（见表 5-4）欧元区的出口是滞后一期的投资的原因，即欧元区的出口带动了第二年的投资增长[①]。欧元区的投资是滞后一期的消费的原因，即欧元区的投资带动了第二年的消费的增长。

根据对欧元区经济增长周期、出口增长周期、投资增长周期和消费增长周期的格兰杰因果关系检验分析，可以得出它们的周期波动的因果关系。为了分析统一货币政策实行之后欧元区经济周期的变化规律，此处采用欧元区 2001 年第 1 季度至 2008 年第 4 季度的

---

① 此处采用的是年度数据，因此滞后一期表示滞后一年。

数据①,结果表明,滞后1~3期的出口周期是投资周期的格兰杰原因,表示欧元区的当期之前3个季度内的出口波动是导致当期投资波动的原因。投资周期和消费周期在滞后8期的时候互为因果关系,表示欧元区当期之前8个季度内的投资波动可以是当期消费波动的原因②,数据结果如表5-4所示。因此,可以进一步验证上述结论,即欧元区的经济周期表现为出口波动带动投资波动,投资波动带动消费波动。

表5-4 欧元区出口、投资、消费周期的格兰杰因果关系检验

原假设	滞后阶数	F统计值	伴随概率
出口不是投资的格兰杰原因	1	6.13223	0.02072
投资不是出口的格兰杰原因	1	0.22097	0.64254
出口不是投资的格兰杰原因	2	5.68043	0.01067
投资不是出口的格兰杰原因	2	2.52947	0.10369
出口不是投资的格兰杰原因	3	4.56708	0.01510
投资不是出口的格兰杰原因	3	2.33275	0.10835
投资不是消费的格兰杰原因	8	5.06664	0.08470
消费不是投资的格兰杰原因	8	4.93689	0.08823

资料来源:笔者根据研究结果编制。

根据格兰杰检验分析,可以看出出口周期、投资周期之间,以及投资周期和消费周期之间都具有带滞后期的因果关系,表明出口周期波动可以导致投资周期的波动,投资周期又可以导致消费周期的波动。接下来,将进一步分析出口周期、投资周期和消费周期与

---

① 因为2001~2008年可供研究的年度数据较少,无法进行相应的实证分析,所以此处采用季度数据。

② 根据格兰杰因果检验,消费波动也可以是投资波动的原因,但是由于投资是消费原因的判断结果更为显著,因此对于消费对投资的影响不作为研究的重点。

经济周期之间的关系。通过应用阿尔蒙多项式回归分析法,对出口周期、投资周期和消费周期对经济周期进行有限滞后阶数回归分析,回归分析结果如下。

1. 出口周期与经济周期的回归结果:

$Y = -48.7 + 0.52 \times E_t + 0.47 \times E_{t-1} + 0.42 \times E_{t-2} + 0.36 \times E_{t-3} + 0.31 \times E_{t-4}$
　　(-2.23)　(2.11)　(2.58)　　(2.65)　　(2.42)　　(2.17)

$\overline{R^2} = 0.24$　　　　$DW = 2.09$

2. 投资周期与经济周期的回归结果:

$Y = -92.7 + 0.32 \times I_t + 0.40 \times I_{t-1} + 0.46 \times I_{t-2} + 0.47 \times I_{5-3} + 0.45 \times I_{t-4}$
　　(-2.90)　(3.39)　(3.88)　　(3.32)　　(2.97)　　(2.76)

$\overline{R^2} = 0.48$　　　　$DW = 2.39$

3. 消费周期与经济周期的回归结果:

$Y = -43.07 + 0.32 \times C_t + 0.30 \times C_{t-1} + 0.30 \times C_{t-2} + 0.31 \times C_{t-3} + 0.33 \times C_{t-4}$
　　(-1.92)　(1.71)　(1.94)　　(1.78)　　(1.68)　　(1.72)

$\overline{R^2} = 0.16$　　　　$DW = 1.84$

其中 Y 表示欧元区的经济周期,E_{t-i} 表示滞后 i 期的欧元区的出口周期,I_{t-i} 表示滞后 i 期的欧元区的投资周期,C_{t-i} 表示滞后 i 期的欧元区的消费周期。括号中的数值是 t 统计值。分析结果表明出口周期、投资周期和消费周期滞后 4 期以内都对经济周期具有显著的正向影响。括号中的 t 统计值都能通过检验,说明回归分析结果显著。DW 值是检验模型是否存在自相关的简单有效的方法[1],三个方

---

[1] DW 检验是 J. Durbin(杜宾)和 G. S. Watson(沃特森)于 1951 年提出的一种适用于小样本的检验方法。用于检验随机误差项具有一阶自回归形(转下页注)

程的 DW 值分别为 2.09、2.39 和 1.84，都处于合理范围之内，因此不存在自相关，可以通过 DW 检验。$\bar{R}^2$ 表示方程的调整后的拟合优度，分别为 0.24、0.48 和 0.16，结果显示三个方程的拟合优度都比较合理，表示这一分析结果具有较强的解释力。

因此，欧元区的出口周期、投资周期和消费周期在相应的滞后期内都对经济周期波动具有正向拉动作用。根据前面的分析，可以明确出口周期是经济周期波动的最初动力，在出口波动的带动下投资周期和消费周期先后出现波动。因此，综合上述分析可以得出结论：欧元区的经济周期特征是出口拉动投资，进而带动消费，三者依次影响经济周期的波动。

三 德国的经济周期波动

由于欧盟内部市场发达，内部贸易以及其他欧洲国家的贸易已经占其总贸易额的 80%，而且欧盟国家的贸易格局以德国为核心，呈现向外辐射的局势，因此德国的对外贸易不仅和投资、消费一起主导着本国的经济增长趋势，而且通过与其他欧盟成员国的贸易往来影响着其他成员国的宏观经济波动。下面将分析德国的经济增长变动情况。从表 5-5 可以看出，德国与欧元区的周期波动具有类似的趋势，均呈现出口、投资、消费依次增长的趋势。例如，2003 年第 3 季度在投资和消费仍然为负增长时，出口首先

(接上页注①)式的序列相关问题，也就是自相关检验。根据 DW 值判断是否存在自相关的方法是：$0 \leq dw \leq dl$ 表示残差序列正相关，$du < dw < 4-du$ 表示残差序列无自相关，$4-dl < dw \leq 4$ 表示残差序列负相关，若不在以上 3 个区间则检验失败，无法判断。一般而言，DW 值的取值范围在 2 左右时表示没有 1 阶序列自相关。

由负增长开始转变为正增长，之后投资和消费逐渐开始回升，到 2004 年第 4 季度出口增长开始回落，但是投资和消费增长均达到最高值，此时经济增长率也达到最大。由此可以看出，德国在经济开始复苏时，首先表现为出口恢复增长，在出口的带动下投资和消费依次出现增长；当出口增长开始回落，投资和消费增长达到最高点时，经济增长也达到最高值。由此可见，德国与欧元区经济周期波动和经济增长的驱动因素比较一致。由于德国是欧元区经济势力最强的国家，其对欧元区的经济周期波动走势具有不容忽视的导向性作用。

表 5-5　德国经济增长率和出口、投资、消费增长率

单位:%

时　　间	GDP 增长率	出口增长率	投资增长率	消费增长率
2001 年 4 季度	-0.14	-0.68	-1.42	0.00
2002 年 1 季度	0.18	0.97	-1.83	-0.74
2002 年 2 季度	0.22	2.15	-3.33	0.26
2002 年 3 季度	0.14	2.05	0.00	0.32
2002 年 4 季度	-0.05	0.11	0.00	-0.26
2003 年 1 季度	-0.24	-0.27	-1.52	0.21
2003 年 2 季度	-0.18	-2.23	-0.72	-0.21
2003 年 3 季度	0.22	4.79	-0.83	-0.34
2003 年 4 季度	0.14	4.14	2.71	0.42
2004 年 1 季度	0.44	3.42	-2.95	-0.03
2004 年 2 季度	0.42	-1.13	-0.31	-0.13
2004 年 3 季度	0.10	8.23	1.26	0.16
2004 年 4 季度	4.39	0.00	1.56	7.10
2005 年 1 季度	0.65	1.43	-0.20	-0.15

资料来源：根据 *OECD Main Economic Indicators 2005* 的数据编制。

第三节 小结

欧盟成员国的经济周期趋同是欧盟的贸易格局和欧盟国家的内部经济增长方式共同作用的结果。成员国具有共同的经济周期波动特征，即出口拉动投资，投资推动消费，三者共同促进经济增长。随着欧洲经济一体化的深入，成员国之间的贸易往来频繁，欧盟内部贸易成为成员国对外贸易的主要组成部分。欧盟内部形成以德国为核心向外辐射的贸易格局，成员国通过贸易往来将本国的经济波动传递到其他国家，而德国因为其政治和经济的巨大影响力，成为影响其他国家经济波动的主要因素，并在很大程度上左右着欧盟整体的经济周期波动。因此，欧盟成员国在经济一体化的进程中经济周期呈现出趋同的态势。在经济周期趋同的过程中，逐渐形成了与德国联系更为紧密的经济核心国家集团，即德国、荷兰、意大利、法国、比利时、芬兰。随着经济一体化的进展和各国经济发展的进一步趋同，欧盟国家的经济周期波动将表现出更加显著的稳定性和一致性。

第六章
欧盟新成员国经济趋同

随着欧洲经济一体化的深入，欧盟老成员国的经济增长表现出显著的趋同。2004年之后入盟的成员国在经济实力和产业结构等方面不仅与老成员国具有很大差异，而且这些新成员国之间也存在较大差异。在加入欧盟之后，新成员国是否具有经济趋同的态势？它们未来的经济发展又将如何？这些问题不仅对于新老成员国的经济发展具有重要意义，对于欧洲经济一体化的进程也具有深远的影响。

本章主要分析2004年之后加入欧盟的12个新成员国的经济趋同情况。2004年5月1日，欧盟第五次扩大，吸纳波兰、匈牙利、捷克、斯洛伐克、斯洛文尼亚、塞浦路斯、马耳他、爱沙尼亚、拉脱维亚和立陶宛10个国家作为欧盟的成员国，欧盟成员国增至25个。2007年1月1日，欧盟第六次扩大，保加利亚和罗马尼亚成为欧盟新成员国。2013年7月1日，欧盟第七次扩大，克罗地亚加入欧盟，至此欧盟拥有28个成员国。一般情况下，我们称第五次扩大之前的15个欧盟成员国为老成员国，之后加入欧盟的 13 个国家为新成员国。本章的主要研究对象就是 2004 年欧盟第五次扩大后的 12 个新成员国（克罗地亚除外）。

本章将分别从名义趋同和实际趋同两方面分析新成员国的经济趋同性。由于欧盟新成员国加入欧盟时间尚短，可采用的数据较少，进行经济周期趋同研究的意义不大，因此对于新成员国的分析着重从经济趋同的角度探讨，以分析欧盟的趋同指标和国内生产总值增长率为主，并且尝试探讨新成员国经济趋同的原因、新成员国之间以及新老成员国之间的差异及其原因。

第一节　欧盟新成员国的经济趋同

一　欧盟国家衡量经济趋同的方法

欧盟衡量经济趋同的方法包括名义趋同和实际趋同，本节将根据这些标准进行具体分析。

（一）名义趋同

《马斯特里赫特条约》规定了趋同标准，也就是根据名义趋同的定量标准判断成员国的趋同情况。名义趋同主要包括以下四个指标。

第一，价格稳定性。价格高度稳定表现为不超过平均通货膨胀率（HICP）同期表现最好的 3 个成员国算术平均值的 1.5 个百分点。

第二,财政状况。政府财政状况具备可持续性,政府预算不存在过度赤字。《马斯特里赫特条约》104C 条(2)款规定,政府的计划或实际的政府赤字占国内生产总值的比重不超过 3%,政府债务占按市场价格计算的国内生产总值的比重不超过 60%。

第三,汇率。至少在两年内按照欧洲货币体系汇率机制确定的正常波动幅度而未出现严重的紧张状态,同期内成员国货币没有对其他任何一个成员国货币主动贬值。

第四,长期利率。成员国平均名义长期利率不超过考察期内 3 个价格最稳定成员国平均长期利率至多 2 个百分点。[1]

(二) 实际趋同

实际趋同是最优货币区理论对实行单一货币区的成员国经济一体化程度的要求,可以包括三个指标:劳动生产率、实际国内生产总值增长率、失业率。有些文献采用其他指标,包括国内生产总值增长率、人均收入、就业结构、产业结构等。由于国内生产总值增长率是最为普遍的标准;因此本节主要从国内生产总值增长率的角度考察欧盟新成员国的经济趋同情况。由于新成员国加入欧盟时间较短,用于考察经济周期趋同的数据并不充足,因此使用经济增长率考察经济实际趋同更为有效。

---

[1] 参见《欧盟联盟条约》(又名《马斯特里赫特条约》) 109j (1) 条。

二 欧盟新成员国的名义趋同

表6-1 2013年12个欧盟新成员国的经济趋同情况

国家	通货膨胀率（%）	财政赤字占GDP比重（%）[①]	公共债务占GDP比重（%）[②]	是否加入欧洲汇率机制（ERM II）	长期利率（%）
捷克	1.4	-4.4	46.2	否	2.1
爱沙尼亚	3.2	-0.2	9.8	是（2004年6月28日）	5.9[③]
塞浦路斯	0.4	-6.4	86.6	是（2005年4月29日）	6.5
拉脱维亚	0.0	-1.3	40.6	是（2005年4月29日）	3.3
立陶宛	1.2	-3.2	40.5	是（2004年6月28日）	3.8
匈牙利	1.7	-2.0	79.8	否	5.9
马耳他	1.0	-3.3	71.3	是（2005年4月29日）	3.4
波兰	0.8	-3.9	55.6	否	4.0
斯洛文尼亚	1.9	-3.8	54.4	是（2004年6月28日）	5.8
斯洛伐克	1.5	-4.5	52.4	是（2005年11月28日）	3.2
罗马尼亚	3.2	-3.0	37.9	否	5.4
保加利亚	0.4	-0.8	18.5	否	3.5
参考值	1.3[④]	-3	60	是	3.7[⑤]
欧元区18国	1.3	-3.7	90.5	是	3.0

资料来源：欧盟统计局。

---

① 此处是2012年数据。
② 此处是2012年数据。
③ 此处是2010年数据。
④ 欧盟内通货膨胀率最好的3个国家（希腊-0.9%、拉脱维亚0.0%、塞浦路斯0.4%）的平均值加1.5。
⑤ 欧盟内长期利率最好的3个国家（德国1.57%、丹麦1.75%、卢森堡1.85%）的平均值加2。

(一) 价格稳定性

欧盟根据趋同标准衡量欧盟成员国的趋同情况，其中通货膨胀率是重要的指标之一。我们尝试分析欧盟成员国通货膨胀率的趋同情况。

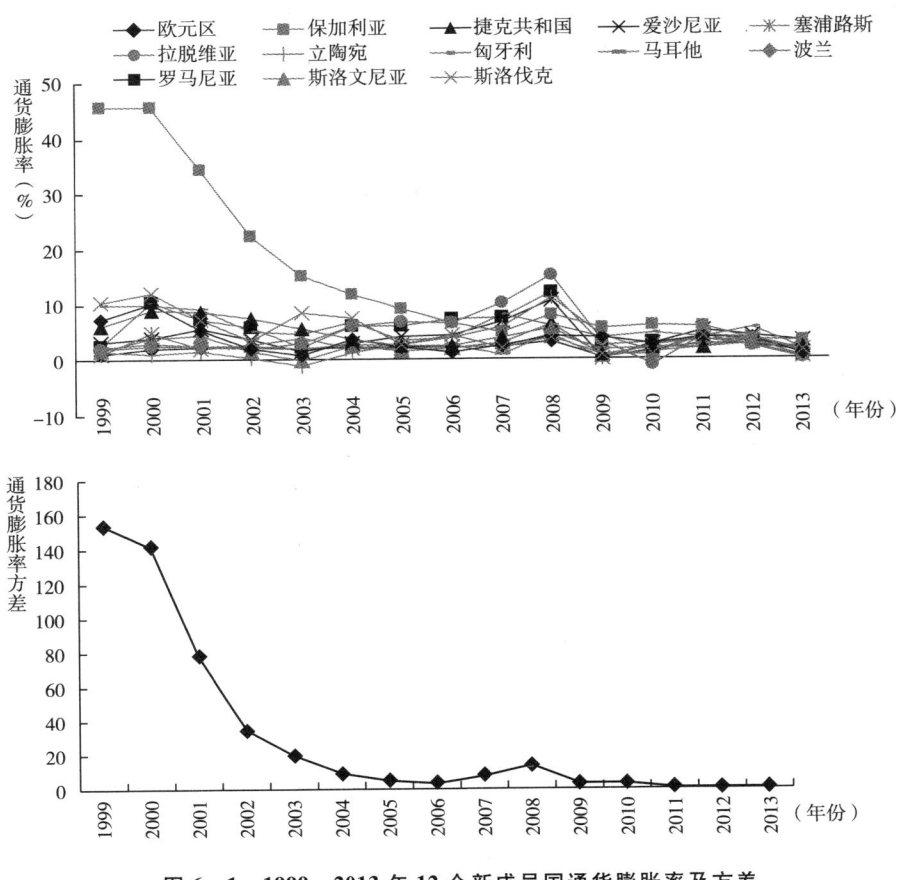

图 6-1　1999~2013 年 12 个新成员国通货膨胀率及方差

资料来源：欧盟统计局。

从图 6-1 可以看出，1999~2005 年，12 个欧盟新成员国与欧元区的通货膨胀率具有趋同态势。特别是罗马尼亚的通货膨胀率迅速下降，从45.8%（1999年）降至6.1%（2010年），罗马尼亚与欧元区及其他欧盟国家的通货膨胀率的差异显著减小。但是，直到2010年罗马尼亚的通货膨胀率仍然是新成员国中最高的，而且显著高于欧元区1.6%的平均水平。

金融危机期间新成员国的通货膨胀率波动较大，2007~2009年国家间的差距也明显增大。其中拉脱维亚的波动幅度最大，2008年达到最高值15.3%。金融危机期间成员国的通货膨胀率大幅上升，主要是因为成员国为应对金融危机采取刺激经济的扩张性经济政策，以及欧盟出台的总额为7500亿欧元的救助计划。这些措施有助于挽救快速下滑的经济形势，但同时也推高了成员国的通货膨胀率。

2010~2013年期间，新成员国的通货膨胀率差距逐渐减小。这是因为2010年欧盟各国开始实行紧缩政策，通过增加税收、减少工资和福利等措施，以削减财政赤字、改善财政状况，受紧缩措施的影响通货膨胀率逐渐回落。

总体来看，1999年之后新成员国的通货膨胀率具有趋同的态势，但是受金融危机的影响各国通货膨胀率的波动幅度增大，而且多数国家的通货膨胀率高于欧元区的平均水平。随着经济形势的好转，以及紧缩措施的实施，新成员国的通货膨胀率逐渐回落，并且呈现趋同态势。

欧盟东扩之后，新成员国的通货膨胀率逐渐趋近欧盟的整体水平，而且部分新成员国已经接近欧盟的整体水平。例如，波兰、马耳他、爱沙尼亚等新成员国的通货膨胀率保持在比较低的水平，而且比较稳定，与欧元区的通货膨胀率同步性较好。欧盟东扩之后，这些中东欧国家开始跻身于欧盟成员国中通货膨胀率最好的3个国家之中（见表6-2）。

表6-2 欧盟成员国通货膨胀率趋同

	表现最好的3个国家[①]	参考值	欧元区平均值
1998年1月	奥地利、法国、爱尔兰	2.7	1.5
2000年3月	瑞典、法国、奥地利	2.4	1.4
2002年4月	英国、德国、法国	3.3	2.4
2004年8月	芬兰、丹麦、瑞典	2.4	2.1
2006年3月	瑞典、芬兰、波兰	2.6	2.3
2006年10月	波兰、芬兰、瑞典	2.8	2.2
2007年3月	芬兰、波兰、瑞典	3.0	2.1
2008年3月	马耳他、荷兰、丹麦	3.2	2.5
2010年3月	葡萄牙、爱沙尼亚、比利时	1.0	0.3
2012年3月	瑞典、爱尔兰、斯洛文尼亚	3.1	2.8
2013年4月	瑞典、拉脱维亚、爱尔兰	2.7	2.2
2014年4月	拉脱维亚、葡萄牙、爱尔兰	1.7	1.0

资料来源：Convergence Report 2014, *European Economy* No.4, June 2014, p.33。

(二) 财政状况

根据欧盟的趋同标准，成员国的赤字预算占GDP比重不超过3%。从图6-2可以看出，新成员国的赤字水平波动较大。2012年仅有保加利亚、爱沙尼亚、拉脱维亚、匈牙利、罗马尼亚几个国家符合这一标准，其他国家都超出这一标准，塞浦路斯的赤字率高达-6.4%。新成员国赤字率的波动比较分散，不具有同步性，而且与欧元区之间也没有显著的趋同性。

[①] 2004年5月前是欧盟15国，2004年5月至2006年12月是欧盟25国，2007年1月之后是欧盟27国。

当受到外来冲击时，新成员国的财政赤字率波动较大。受金融危机影响，2009 年新成员国的财政赤字率都迅速增加，随着经济形势的好转，各国财政赤字率逐渐减少。

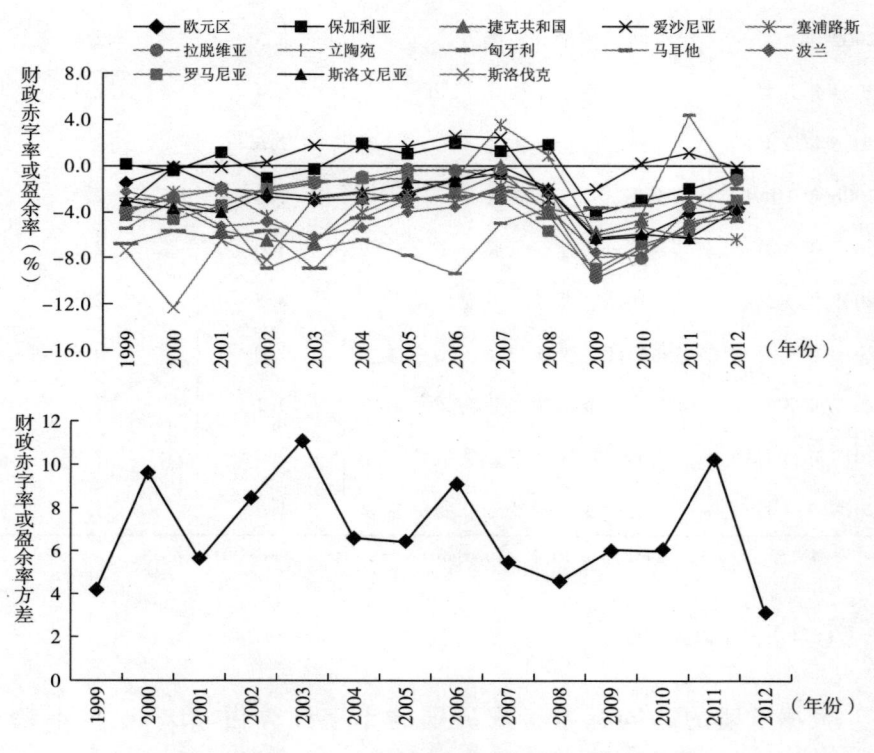

图 6－2　1999～2012 年 12 个欧盟新成员国财政赤字率或盈余率及方差
资料来源：欧盟统计局。

新成员国的财政赤字率不具有趋同性，在加入欧盟前后的十几年期间基本延续了本国的财政状况，没有因为加入欧盟而发生明显的变化。主要原因是新成员国加入欧盟的时间尚短，欧盟的经济政策对新成员国的经济影响，特别是对财政状况的影响十分有限。而且，新成员国整体经济发展比老成员国更为落后，新成员国之间的经济发展水平差异也较大，各国的财政状况特质性较强。随着新成员国与老成员国的经济联系日益紧密，新成员国经济发展水平逐渐提高，财政状况也会有相应的改善，新成员国的财政赤字率有可能会出现趋同。

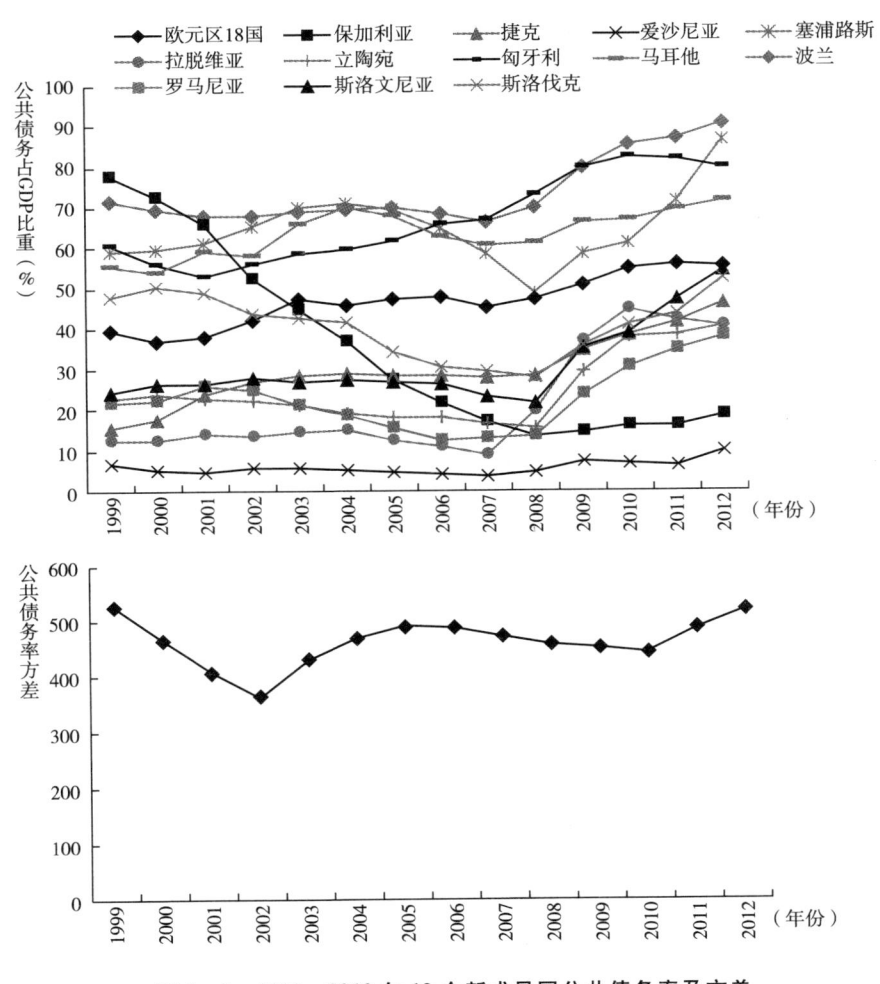

图 6-3 1999~2012 年 12 个新成员国公共债务率及方差

资料来源：欧盟统计局。

由图 6-3 可以看出，1999~2002 年、2007~2010 年新入盟的 12 国受到全球金融危机的冲击，公共债务率（公共债务占 GDP

比重）逐年上升，欧元区国家也呈上升趋势，新入盟国家的债务率普遍低于欧元区的平均值。其中，新入盟国家中的匈牙利债务水平最高，2010年达到79.8%，整体波动水平与欧元区的平均值比较接近；爱沙尼亚债务水平最低而且增长幅度最小，2012年达到最高点，仅为9.8%；增长幅度最大的国家是拉脱维亚，从12.5%（1999年）升至44.4%（2010年），是在金融危机期间债务比重上升最快的国家。欧元区平均上升22.5%，新入盟的12国中多数国家的增长幅度都小于欧盟的平均值，只有拉脱维亚和立陶宛增长幅度大于欧盟的平均值。下降幅度最大的是保加利亚，由77.6%（1999年）降至13.7%（2008年）。在欧盟的趋同标准中，规定公共债务占GDP比重的上限为60%，12个新成员国多数符合这一标准，2012年只有匈牙利、马耳他、塞浦路斯超过了这一上限，新成员国均低于欧元区90.5%的债务水平。因此，新成员国在公共债务方面表现比较好，多数符合欧盟的财政标准，好于欧元区的平均水平，但是新成员国的债务率不具有趋同性，并且呈现离散态势。

（三）汇率

汇率稳定标准，是成员国必须加入欧洲汇率机制两年以上，并在两年内成员国货币兑欧元的中心汇率不得贬值，且市场汇率维持在中心汇率±15%的范围内。中东欧国家的汇率机制并不一致，但是总体趋势是按照欧元的标准发展。匈牙利货币钉住欧元，浮动空间为±15%。捷克实行有管理的浮动汇率机制。波兰实行自由浮动。2005年11月，斯洛伐克进入第二汇率机制，但汇率波动性相对较高。

12个新欧盟成员国中,斯洛文尼亚、塞浦路斯、马耳他、斯洛伐克、爱沙尼亚、拉脱维亚、立陶宛7个国家已经加入欧元区,[①] 开始使用欧元,其余新成员国根据入盟协议最终也将使用欧元。其中,立陶宛已经加入欧洲汇率机制(ERM Ⅱ),波兰、匈牙利、捷克、罗马尼亚、保加利亚5个国家仍然没有加入ERM Ⅱ。

(四) 长期利率

如图6-4所示,12个欧盟新成员国的长期利率普遍高于欧元区的利率,并且与欧元区的利率差距较大,特别是在金融危机爆发之后差距急剧扩大,呈现离散状态。2005年之前具有趋同性,之后因为受金融危机的影响差异迅速扩大。这主要是因为金融危机时期各国通过货币政策对经济进行调控,而利率作为货币政策的主要工具更是成为各国频繁调控的对象,由于各国宏观经济情况存在差异,因此利率的调整也存在较大差异。因此,在金融危机时期利率波动较大,而且各国之间的差异也较大。正如图中所示,这一时期成员国的利率离散性显著增强。

[①] 1999年,欧盟的11个成员国成为首批欧元区国家,包括奥地利、比利时、芬兰、法国、德国、爱尔兰、意大利、卢森堡、荷兰、葡萄牙和西班牙。2001年希腊加入欧元区,2007年斯洛文尼亚加入欧元区,2008年塞浦路斯、马耳他加入欧元区,2009年斯洛伐克加入欧元区,2011年爱沙尼亚加入欧元区,2014年拉脱维亚加入欧元区,2015年立陶宛成为第19个欧元区成员国。

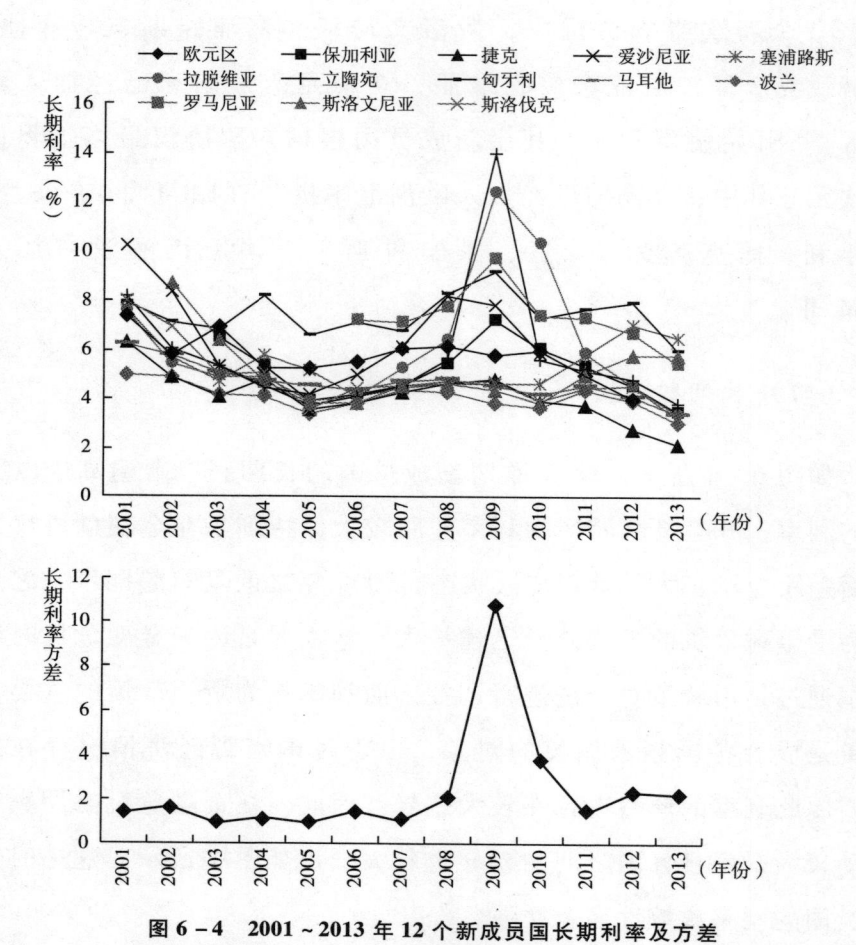

图 6-4 2001~2013 年 12 个新成员国长期利率及方差

资料来源：欧盟统计局。爱沙尼亚数据来自 Statistical Annex of European Economy, 2011 Spring, p.188。

三 欧盟新成员国的实际趋同

（一）新成员国经济增长情况

如图 6-5 所示，从 12 个新成员国经济增长的方差可以看出，1998~2007 年成员国经济增长率的差异较小。1998 年之前，12 个新成员国经济增长波动的差异较大，1998～2007年经济增长的同步性较好，但是2007年之后新成员国由于受到全球金融危机的影响，经济增长出现较大幅度波动，而且也比较分散，趋同性较弱。整体来看，新成员国的经济趋同趋势不显著，当受到金融危机的影响时各国经济波动较大，经济离散性较大。

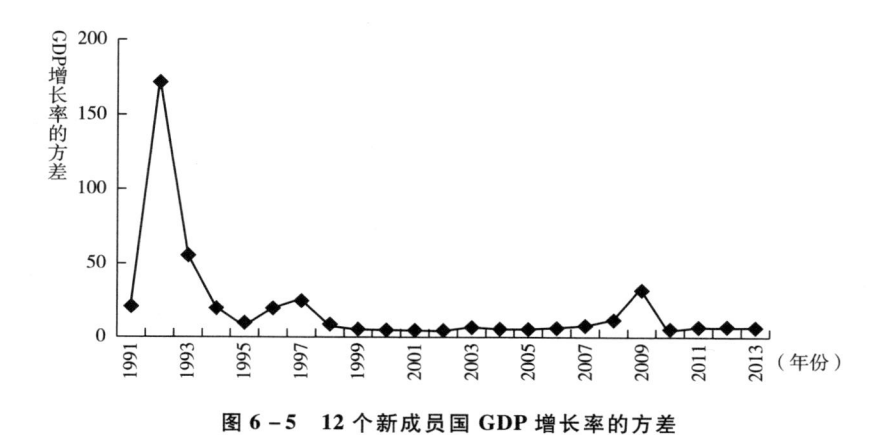

图 6-5　12 个新成员国 GDP 增长率的方差

数据来源：笔者根据欧盟统计局资料计算后绘制。

由此可见，在加入欧盟之后，甚至包括入盟前的准备阶段，新成员国经济增长的离散程度比较稳定；但是当经济受到较大冲击增长出现剧烈波动时差异明显增大，经济周期趋同的趋势显著减弱。

1998年之后，欧盟新成员国经济增长的差异显著减小，表现出一定的趋同性；但是在2004年后并没有表现出显著的趋同性；而且在2007年遇到金融危机之后，差异迅速增大。

为了防止成员国在经济政策方面有"搭便车"的行为，欧盟制定了严格的名义趋同标准。但是，新成员国加入欧盟至今，并没有产生显著的实际趋同效果。这种缺少实际趋同支撑的名义趋同，可能会给成员国的经济发展带来一定的风险，甚至会影响欧洲经济一体化的进程。因此，欧盟应当着力消除成员国之间的经济差异，进一步扩大经济决策权，为经济一体化的前进奠定更为坚实的基础。

(二) 新成员国与老成员国经济增长趋同情况

我们再来看看东扩前的 10 年内（1994～2005 年）新老成员国的经济增长的变化趋势。比较这一时期新成员国和老成员国的平均经济增长率，可以发现，1999 年新老成员国经济增长率最为接近，1999 年之后经济增长率差异比之前的差异有所减小，而且经济增长的波动同步性增强。因此，1999 年之后新老成员国经济增长波动的同步性更好，1999 年之前则较差。这主要因为，新成员国中大多数是中东欧国家，其经济转型对经济增长具有决定性影响，这与老成员国的经济增长方式具有显著差异。20 世纪 90 年代，中东欧国家进行政治经济体制改革，采取了转型经济休克疗法，激进的经济改革造成了宏观经济的剧烈波动和严重的经济衰退。中东欧国家作为一个整体出现经济衰退，直到 1998 年经济才恢复到 1990 年的水平。20 世纪 90 年代末至今，中东欧国家从转轨初期的经济衰退中逐渐恢复过来，实现较快的经济增长，并成为欧盟内部经济增长最为强劲的一个整体。

20 世纪 90 年代至今，新成员国经济增长速度加快。在 20 世纪 90 年代末之前，中东欧国家与欧盟经济增长具有不同的变化趋势。在 90 年代末之后，二者的经济增长趋势相同，但是新成员国经济增长速度明显快于老成员国，而且经济增长率的差距较大。具体来看，1997 年之前新成员国的经济增长率差异较大，但是经济增长率波动的同步性比较明显；1997 年之后，新老成员国的经济增长差异逐渐减小，1999 年差异最小，之后的差异有所增加，但是同步性显著增强。

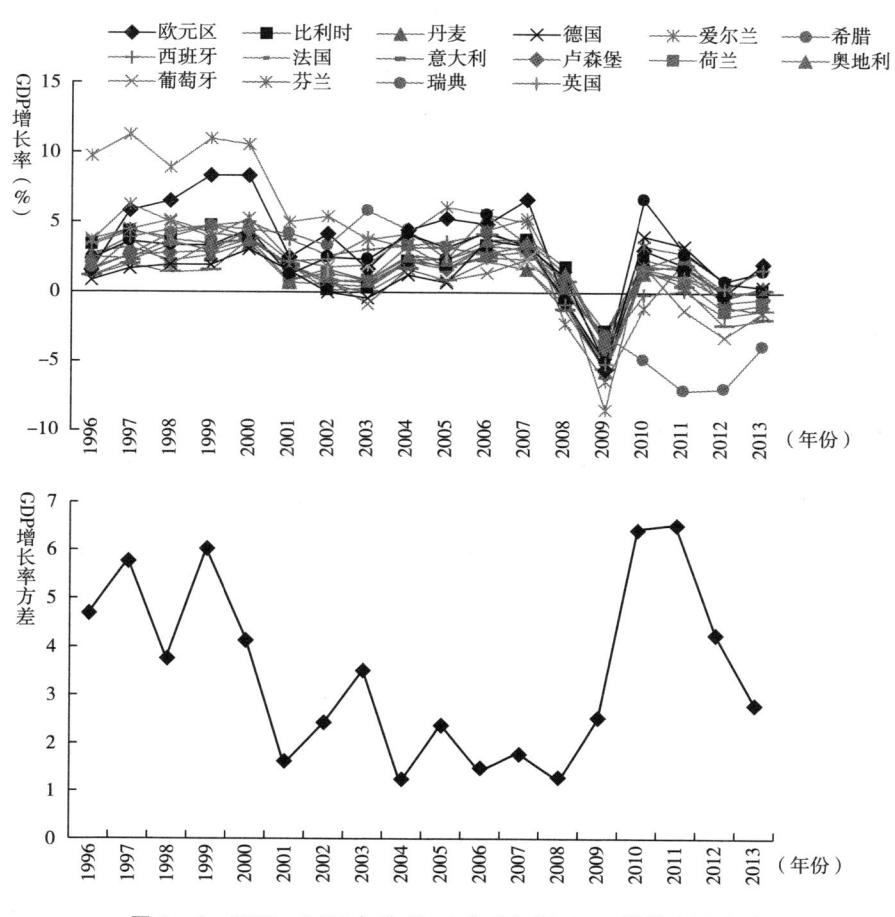

图 6-6　1996~2013 年欧盟 15 个成员国 GDP 增长率及方差
资料来源：欧盟统计局。

首先，我们分析欧盟 15 个老成员国的经济增长趋势。由图 6-6 可知，欧盟老成员国经济增长率的波动主要集中于 0~5% 之间，与欧元区平均经济增长水平比较接近；各国间经济周期的协动性较强，具有比较明显的共同经济周期。其中，有三个国家与其他国家的经济增长差异较大。爱尔兰和卢森堡在 20 世纪 90 年代与欧盟其他成员国的偏离最大，但是这种差距呈现逐渐减小的趋势；希腊从 2000 年以后与欧盟其他成员国的偏离较大，而且受金融危机影响，这种差距有可能进一步增大。由于这几个国家的经济规模较小，而且具有特殊的经济发展特征，所以对欧盟老成员国整体经济影响有限。

1961~2010 年，欧盟老成员国[①]的经济增长波动呈现收敛的趋势。1980 年之后，欧盟国家的经济增长波动幅度差距逐渐缩小（爱尔兰除外）。特别是 20 世纪 90 年代之后，这种收敛趋势更为显著，而且经济增长率的同步性也明显增强。

如果集中考察欧盟中的德国、法国、英国、意大利、西班牙 5 个经济大国[②]，可以发现这 5 个成员国的经济增长同样具有愈益明显的同步性。这些国家的经济增长不仅波动幅度比较接近，而且经济增长波动的同步性逐渐增强，特别是 20 世纪 90 年代以后经济增长波动的差异性进一步减小。其中值得一提的是英国。英国奉行与美国相似的经济政策，以经济的快速增长作为经济发展的主要目标，因此经济增长的波动幅度较大。在欧盟的 5 个经济大国中，英国的经济增长波动幅度最大，而 1996 年之后英国与其他几个国家的差异明显减小，这主要归功

---

① 此处为欧盟 14 个成员国，也就是除卢森堡以外的老成员国。卢森堡具有较大差异性，而且在整体经济中所占份额也较少，因此在这里暂时不作考虑。

② 这 5 个国家的国内生产总值占欧盟 14 个国家总体产值的 70% 以上。

于共同市场的建立和经济趋同标准对其经济发展的影响。一方面，共同市场的建立扩大了英国与欧盟国家的贸易往来，促使英国的宏观经济发展与欧盟其他国家的相似性逐渐增强；另一方面，更为重要的是成员国为了进入欧洲经济货币联盟，促使本国经济的发展达到经济趋同标准的要求，有效地缩小了成员国之间经济发展的差距。

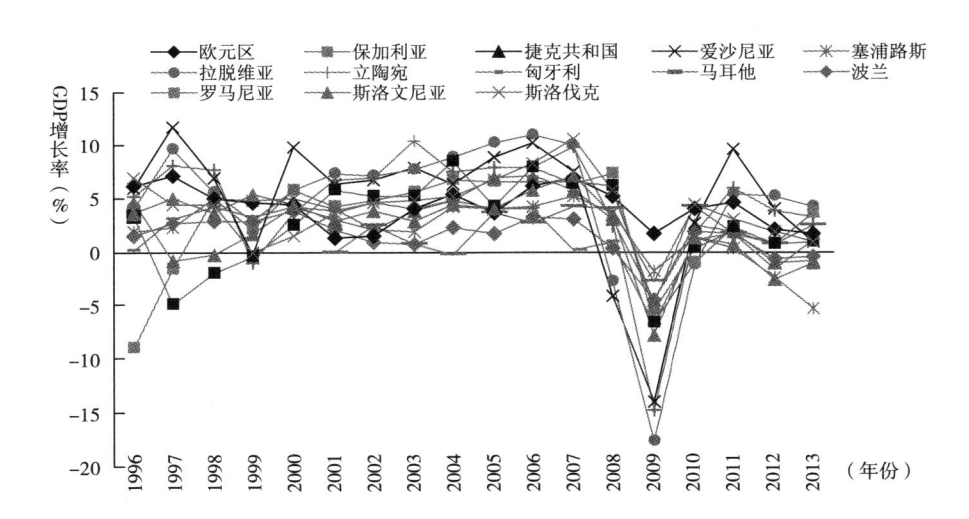

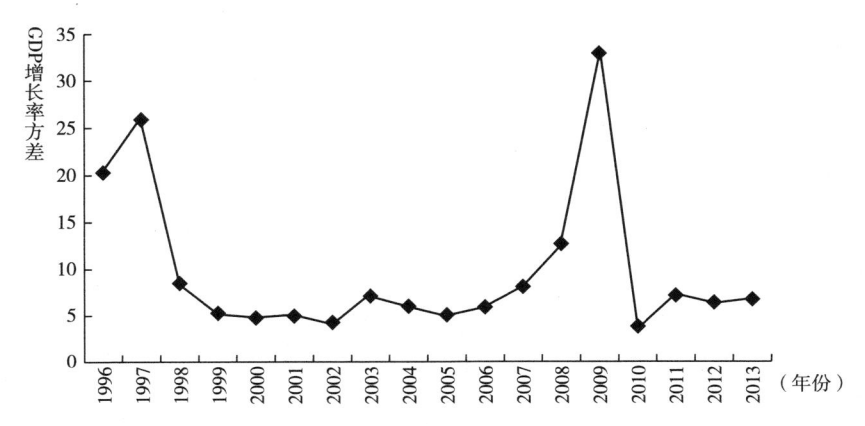

图 6-7　1996~2013 年欧盟 12 个新成员国 GDP 增长率及方差

资料来源：欧盟统计局。

其次，我们分析欧盟新成员国的经济增长趋势。由图6-7可知，欧盟12个新成员国经济增长波动区间主要集中在0~10%，并且与欧元区平均经济增长水平差距较大，新成员国的经济增长波动比较分散，经济周期的协动性较差，没有明显的共同经济周期。在金融危机期间，新成员国和老成员国一样，经济波动的离散性显著加大。

第二节 欧盟新成员国的经济趋同特征及原因

一 欧盟新成员国经济趋同特征

（一）新成员国的名义趋同

加入欧盟之前，欧盟新成员国为达到趋同标准做了诸多准备和努力，因此新成员国的部分趋同指标表现较好，具有显著的趋同效果。加入欧盟之后，新成员国逐步满足欧盟规定的趋同标准，但是各个新成员国的名义趋同呈现多样化趋势。表现为通货膨胀率具有显著趋同的态势，财政状况的趋同效果不显著，利率与欧盟平均水平仍有较大差距。在金融危机爆发之后，欧盟新成员国的经济趋同指标差异性有所增加。总体来看，在加入欧盟之前，新成员国为了符合入盟标准，努力达到名义趋同的指标，部分指标呈现较好的趋同效果；加入欧盟之后，受到金融危机的影响，2008年之后新成员国的经济波动较大，经济趋同的指标离散性较大。

(二) 新成员国的实际趋同

通过观察新成员国经济增长的方差可以发现：20世纪90年代，新成员国的经济增长离散程度较大；21世纪初到金融危机之前，新成员国的经济增长差异逐渐缩小，与20世纪90年代的离散状态相比，新成员国的经济增长呈现趋同的态势；金融危机期间经济增长的差异再次扩大。2004年新成员国加入欧盟后经济的实际趋同效果不显著，特别是受到金融危机等的冲击后经济增长波动显著加大，并且离散程度增强。随着经济一体化的发展，各国经济的融合进一步加深，经过一定时期的适应和调整，新成员国之间以及新老成员国之间的经济趋同将有可能逐渐显现。

二 欧盟新成员国经济趋同状况分析

新成员国加入欧盟之后经济趋同效果并不显著。由于新成员国加入欧盟而促进其经济趋同的积极因素主要包括以下几个方面。

1. 加入欧盟能够促进新成员国的经济增长

加入欧盟能够促进新成员国的经济增长，并进一步缩小新老成员国经济增长和经济实力的差异。加入欧盟之后新成员国可以获得欧盟单一市场的准入机会，可以进一步扩大出口和吸引外资，有助于新成员国加速产业结构调整、创造就业岗位和提高科技水平等。欧盟的研究报告表明，加入欧盟将使新成员国平均经济增长每年增加1.3~2.1个百分点。加入欧元区将会进一步促进新老成员国的经济融合。爱沙尼亚是主权债务危机爆发以来第一个加入欧元区的中东欧国家。由于爱沙尼亚80%的对外贸易都是与欧盟国家进行的，加入欧元区不仅有助于促进该国与欧盟老成员国之间的经济融合，而且将在未来20年内使得其经济增长率每年提高0.15~1.0个百分点。随着新老成员国之间贸易的增加，国家之间的经济融合进一步加深，新成员国通过与老成员国之间的经济往来改善本国的经济条件，将有助于促进新成员国的经济增长。

2. 区内贸易上升加深了新旧成员国的经济融合

加入欧盟之前中东欧国家的技术密集型产品生产能力较弱。随着与欧盟老成员国贸易往来增多，中东欧国家进行了贸易结构升级，逐渐转向生产高技术、差别性产品，提高出口能力，更多地参与国际化分工，并且带动了本国纺织等传统产业和汽车、机械、通信等现代产业的发展。新老成员国之间的经济融合进一步加强，有效促进了新成员国的产业升级和经济增长，使新成员国与老成员国之间的差异逐渐缩小。

3. 欧盟政策和制度调整有助于新成员国经济趋同

欧盟为了缩小新老成员国的差距，采取了多种政策和措施。例如，在产业升级方面，欧盟通过结构基金对工业和服务业结构转型地区给予资金支持，欧盟还通过框架研发计划、伽利略计划和ITER计划等帮助新成员国进行产业升级，保护中小企业发展和加强科技力量的建设。在农业方面，2000~2006年欧盟为了帮助新成员国改革农业部门，对新成员国大力推行共同农业政策，并且对新成员国实施农业和农村发展特别项目。在金融领域，欧盟通过金融服务行动计划等措施促进新成员国的金融市场和货币市场的整合和规范，逐渐缩小新老成员国在金融服务业和实体经济等方面的差异。通过这些措施，新老成员国的差异将会逐渐缩小。但是，由于新老成员国在经济实力、产业结构和市场体系等方面都存在较大差异，新老成员国真正实现经济趋同将需要较长一段时间。

4. 欧盟东扩对新成员国的资助倾斜

欧盟新成员国可以通过加入欧盟，在欧盟大量基金的资助下，更快摆脱经济上的落后局面，尽快缩短与欧盟现有成员国之间的差距。共同农业政策和结构政策是欧盟主要的缩小区域经济差异的政策，欧盟扩大对这些政策的影响也较大。欧盟的结构政策包括欧洲地区发展基金、欧洲社会基金、欧洲农业指导和保障基金，以及1993年之后的凝聚基金。这些政策的主要目的是改善欧盟经济社会的凝聚力。根据《欧洲共同体条约》第130款的规定，这些基金旨在减少成员国各地区之间的不平衡性和最差地区的落后性，是欧洲稳定的关键保障。为了使新成员国更快地融入欧洲经济一体化的发展，也使得老成员国不受新成员国的拖累，欧盟采取措施尽可能使新老成员国之间的经济差距逐渐缩小。措施之一就是将结构政策的资助力度向新成员国倾斜，重新分配欧盟的收入，以减少成员国之间的收入差异。

结构基金主要资助比较贫穷的国家和地区，标准是人均国民生产总值低于欧盟平均水平的75%，凝聚基金要求这一比例是90%。符合标准的国家和地区主要包括希腊、葡萄牙、爱尔兰和西班牙大部分地区以及意大利南部。东扩之后的中东欧国家都满足这一标准，而且可以获得最高的援助额。2002年欧盟15国召开的布鲁塞尔首脑峰会达成协议，2004~2006年欧盟为东扩提供超过390亿欧元的财政经费。

欧盟的凝聚基金中约有50%用于2004年之后新加入的12个成员国，而且呈现上升的趋势。从2007年的44.4%到2013年的56.2%，可见欧盟对新成员国的资金支持力度较大。欧盟对新成员国的大量资金支持，有助于改善新成员国基础设施等方面的发展，缩小新老成员国间的差距。

5. 欧盟对新成员国投资增加

欧盟对新成员国的投资大幅度增加，有效地促进了新成员国的经济增长。新成员国已经吸取了大量来自欧盟的投资。例如，波兰、匈牙利、捷克和斯洛伐克接收到的来自欧盟的投资就占欧盟对外投资总额的10%。总体来看，新成员国加入欧盟将会继续保留和扩大来自欧盟国家的投资。这些投资有助于新成员国对本国产业的升级改造，提高本国工业发展水平。尽管老成员国将部分落后产业转移到新成员国，然而在一定程度上还是推动了这些产业的自动化程度，对这些产业的发展具有一定的促进作用。从长期来看，新成员国的产业发展会逐渐接近老成员国的产业发展水平。

从目前来看，新成员国的经济趋同效果并不显著，并且与老成员国的经济趋同仍然存在较大差异。其主要原因将在下一节进行深入分析。

第三节 欧盟新成员国与老成员国的经济趋同比较分析

欧盟新成员国与老成员国之间的经济差异较大，它们的经济趋同也具有不同的特征。本节将主要比较分析在加入欧盟之后，欧盟新成员国和老成员国经济趋同的特点及其原因。

一 欧盟新成员国与老成员国经济趋同特点分析

由于欧盟老成员国加入欧盟的时间较长，所以经济趋同的特征也比较显著。新成员国经济差异较大，加入欧盟时间较短，经济协动性差异较大。总体来看新老成员国的经济趋同具有以下几个特点。

第一，欧盟老成员国具有显著经济趋同特征，新成员国经济趋同不显著。

欧盟老成员国经济增长协动性较强，经济周期具有显著趋同特征。随着欧洲一体化的发展，老成员国的经济呈现逐渐趋同的态势。特别是20世纪90年代以来，成员国之间的经济周期差异显著缩小。主要表现为老成员国的经济周期差异缩小，也就是老成员国的经济增长波动具有更强的相似性。究其原因，主要是成员国之间日益紧密的经济联系，使得国家间的经济传导更加迅速，经济的相互渗透和影响促使其经济周期步调也更加一致。因此，随着经济一体化发展，老成员国呈现出较强的经济趋同特征。

然而，新成员国却不具有显著的趋同特征。从经济增长速度和经济趋同的名义指标来看，多数指标呈现离散状态，表明新成员国仍然不具备经济趋同的显著特征。而且，新成员国加入欧盟时间尚短，经济处于调整时期，在一段时期内，它们都可能不具有经济趋同的特征。

第二，欧盟老成员国经济趋同具有阶段性特征，新成员国则不具备。

欧盟老成员国的经济周期趋同具有阶段性特征，在不同时间段具有不同的表现。欧盟经济周期趋同表现最好的时期与欧盟的一体化经济政策具有较强的相关性。例如，在欧洲经济共同体建立之初，成员国在关税同盟的推动下经济周期趋同性十分显著；而且，在 1997 年之后欧盟经济也表现出较强的趋同性。这是因为：一方面，成员国努力达到经济趋同指标以进入经济货币联盟；另一方面，实行统一货币——欧元之后，成员国之间的汇率壁垒得以清除，在统一市场和统一货币政策的共同推动下，欧盟国家的经济融合得到了进一步加强。因此，欧盟成员国的经济趋同性在这一时期表现得最为显著。另外，欧盟老成员国经济趋同性较差的阶段具有一些共同特征，也就是经济趋同较差一般是伴随经济危机而发生的。总体而言，当经济形势较好时，欧盟国家致力于推动经济一体化，欧盟国家的经济趋同表现较好；当欧盟经济受到内部或外部的冲击时，例如经济危机爆发时期，欧盟成员国经济出现较大幅度的震荡，成员国之间的经济离散性较大。

新成员国尚不具备经济趋同的阶段性特征。新成员国的经济增长和主要的经济趋同指标仍然比较分散。这是由于新成员国加入欧盟时间较短，新成员国之间以及新老成员国之间的经济融合仍然需要一个过程。新成员国仍然需要一段时间才能够具备经济趋同的特征，它们是否具有经济趋同的阶段性特征还需要更长时间的观测和分析。

第三，欧盟老成员国已经形成了核心国家集团。

随着欧洲经济一体化的发展，欧盟老成员国的经济逐渐呈现趋同的特征，而且已经形成了经济波动较为相似的核心国家集团，其他老成员国则根据经济波动的相似程度分为几个层次。居于经济核心地位的国家主要是欧盟的创始国，包括德国等国家。这是由于老成员国在经济融合过程中，经济实力和地缘位置等因素使得部分国家与其他成员国的经济发展联系更为紧密，而且具有更强的影响力。

新成员国没有形成一个或若干个具有代表性的核心国家。这一特征是具有长期经济趋同之后的成员国才可能具备的。从新成员国加入欧盟之前的历史来看，没有一个或若干个国家在该区域内具备经济核心地位和具有经济引导作用。当新成员国加入欧盟之后，这种单个或多个国家在中东欧地区内的优势地位更加难以确立。新成员国将更多地参与到整个欧盟的经济活动中，与老成员国的经济融合日趋紧密。在与老成员国的经济合作中，新成员国由于发展阶段较为相似而呈现一种竞争关系。新成员国在国内外的经济发展方面不希望出现一个或多个具有显著优势地位的国家，更不希望接受这些国家对其他新成员国的领导。因此，在新成员国内部形成经济核心国家的可能性较小。但是，随着新成员国逐步融入欧盟整体经济，部分新成员国有可能会成为欧盟的核心国家成员。

二 欧盟新成员国与老成员国经济趋同存在差异的原因

随着新成员国的加入，欧盟成员国的经济特征更趋复杂化，成员国之间的经济差异也进一步增大。新成员国与老成员国经济的趋同性仍然较差，新成员国之间的趋同性也不十分显著。究其原因，主要包括以下几个方面。

第一，新成员国和老成员国的经济增长呈现不同特征。老成员国是经济发达国家，经济发展程度较高，经济发展比较平稳，经济增长呈现低速稳定态势，国家间的经济增长具有一定的协动性。新成员国则多是经济转轨国家，与老成员国相比，经济发展程度较低，经济发展呈现赶超态势，表现为经济快速增长和国家间的经济增长不具有协动性的特征。因此，新成员国和老成员国由于分处不同的经济发展阶段而在经济增长方面呈现较大的差异性。

第二，老成员国之间的经济差异较小，新成员国之间的经济差异较大。多数老成员国是经济发达国家，国家之间的经济发展程度比较相似。随着欧洲经济一体化的深化，老成员国之间的经济相互融合和渗透，国家间的经济差异逐渐缩小；而新成员国之间存在较大差异，并且处在经济转轨过程中。新成员国的经济改革情况各不相同，在经济发展程度和科技水平方面不仅与老成员国相去甚远，而且彼此之间也存在较大差异。

第三，金融危机之后，欧盟成员国的经济差异显著增大。金融危机爆发之后，欧盟成员国内部以及老成员国和新成员国之间，经济差异进一步扩大。从以往的经济发展过程来看，当欧盟经济受到冲击时，欧盟国家的经济差异普遍扩大。这是因为在经济不景气时欧盟国家分别采取不同经济措施调整国内经济运行的结果。当国家经济受到冲击时，各成员国以调整国内经济为首要任务，欧洲一体化的构建和诉求被暂时搁置。因此，欧洲一体化的进程在一定程度上会受到抑制，各国之间的经济差异也就有所扩大。

第四节 小结

欧盟新成员国的经济趋同包括实际趋同和名义趋同。欧盟新成员国经济趋同的特点主要表现为，1998~2007年，新成员国的经济增长具有一定的趋同性，2007年之后受金融危机的影响，新成员国的经济增长离散性显著增大。新成员国的名义趋同不显著，用于衡量名义趋同的经济指标存在较大差异。因此，从目前来看，新成员国的经济趋同并不十分显著。随着新成员国与老成员国的经济进一步融合，经济趋同效果有可能会得以显现。

欧盟新成员国和老成员国的经济趋同具有不同的特征。主要表现为欧盟老成员国经济周期具有显著的趋同性，而且它们的经济周期的趋同性具有阶段性特征。在老成员国内部已经形成了经济核心国家集团。这个核心国家集团之间联系最为紧密，而且对其他成员国具有更强的影响作用。新成员国的经济趋同性并不显著。新成员国在加入欧盟后经济增长速度加快，但是多数的名义趋同指标没有出现显著趋同。究其原因，主要是欧盟老成员国经济发展程度相似，经济处于平稳发展阶段，随着经济一体化的深入比较容易呈现经济趋同性。新成员国发展程度较低，国家间的经济差异较大，在加入欧盟时间尚短的情况下，仍然处于经济调整期。因此，在新成员国内部，以及在新成员国与新老成员国之间，都不具有显著趋同的特征。

第七章
欧洲主权债务危机与欧洲经济趋同

第一节 欧洲主权债务危机概述

欧洲主权债务危机对欧洲经济造成了严重的冲击,不仅扰乱了欧洲国家正常的经济发展轨迹,而且暴露出欧洲国家经济发展中的深层次问题,以及欧盟内部存在的制度缺陷等问题。欧洲主权债务危机对欧洲经济趋同产生不利影响。研究欧洲主权债务危机时期欧洲国家的经济趋同变化,以及债务危机之后欧洲国家经济趋同的发展方向,对于认识欧洲经济一体化的发展具有重要意义。

一 欧洲主权债务危机的演变

2006年春季美国的"次贷危机"开始显现,2007年8月危机席卷美国、欧洲和日本的金融市场。这场被认为是20世纪30年代以来最严重的金融和经济危机,不仅对美国影响巨大,对欧洲也造成了重大的冲击,并且随后引发了欧洲主权债务危机。这场金融危机在欧洲蔓延开来。

我们简要回顾一下欧洲主权债务危机的进程。首先，2008年冰岛受美国次贷危机影响国家债务急剧增加，国家外债超过国内生产总值的数倍而导致国家濒临破产。由于冰岛经济规模较小，而且尚未加入欧盟和欧元区，与欧盟国家的经济联系相对疏远，因此其债务危机对欧盟整体的经济形势影响不大。随后，债务危机很快蔓延到了希腊。2009年12月，国际三大评级机构纷纷调低希腊的主权债务评级，引发了国际金融机构对希腊的信任危机，主权债务危机在希腊爆发。随后，葡萄牙、爱尔兰、意大利、西班牙（与希腊共同被称为PIIGS五国）因为财政状况表现不佳而使主权债务危机在欧盟国家内登场，导致以欧洲为主战场的主权债务危机逐渐向欧元区扩展。

2009年欧洲多数国家的经济出现大幅度下滑，此后欧洲主权债务危机在欧洲继续蔓延，难见缓和趋势。2010年，德国等欧盟主要发达国家也受到危机的影响。欧元汇率受主权债务危机的影响连连下跌，有关欧元区即将解散的舆论甚嚣尘上。在欧元区持续衰退一年半之后，2013年第二季度欧元区经济开始出现正增长，欧盟国家经济开始出现复苏迹象，主权债务危机的风险逐渐减小，欧盟官方表示欧洲主权债务危机的最艰难时刻已经过去。但是，欧盟的经济前景黯淡，银行业危机重重，实体经济萎靡不振。值得注意的是，美国在引发金融危机之后没有出现类似欧洲的主权债务危机，而且于2012年底就开始了经济复苏；欧洲却由金融危机转为主权债务危机，并陷入更长时间的经济衰退期中。2014年，欧盟国家开始复苏，但是经济增长依然缓慢。

欧洲主权债务危机逐渐向社会深层蔓延，并引发社会管理危机。欧盟国家的失业率居高不下，2013年欧盟的失业率为10.8%，失业率比危机前（2007年）高3.6个百分点，失业人数高达2652万人，比危机前（2007年）增加约1000万人。[①] 其中青年失业率尤其高，希腊和西班牙的青年失业率已经超过50%。由青年失业率高涨导致的社会问题不容忽视。一方面，青年人失业率高，使得青年人转向国外求职，致使青年人才流失；另一方面，福利支出削减使得青年移民的不满情绪高涨，在英国、法国、挪威等多个欧洲国家引发了移民骚乱。目前，欧洲主权债务危机引发了诸多社会问题，青年失业率高成为欧盟面临的首要难题。

二 欧洲主权债务危机暴露出欧盟存在的问题

第一，欧盟统一的货币政策与分散的财政政策之间的矛盾。此次债务危机暴露了欧元区体系内深层次的制度缺陷，欧盟成员国实行单一货币——欧元，货币政策由欧洲中央银行统一制定，但是财政政策却由主权国家分别制定和执行。这种统一的货币政策和分散的财政政策之间的失衡，使得成员国在应对金融危机时无法根据本国情况采取灵活的货币政策。财政政策和货币政策的松紧适度调整是国家的主要经济调控手段，欧盟国家失去了利率和汇率两个基本的货币政策工具。当遇到金融危机时，只能通过扩张性的财政政策刺激经济。这就使得成员国的公共支出大幅增加，当财政状况难以为继时就引发了后来的主权债务危机。因此，此次主权债务危机使得欧盟机制设计中的财政政策和货币政策失衡的深层缺陷凸显

[①] 资料来源：欧盟统计局，http：//epp.eurostat.ec.europa.eu/portal/page/portal/statistics/search_database。

出来。

第二，欧盟成员国之间的经济不平衡。欧盟成员国之间的经济差异较大，特别是中东欧国家加入欧盟后，国家之间的差异进一步扩大。尽管老成员国在经济一体化的过程中，经济周期逐渐呈现趋同的态势，但是在欧盟内部经济失衡的问题仍然十分严重。特别是与老成员国差异较大的中东欧国家加入欧盟之后，欧盟内部的经济失衡进一步加大。欧盟国家在经济实力和规模、经济发展阶段、经济结构、公共财政和社会福利体系等方面，仍然存在较大的差距。

欧盟国家的人均国内生产总值存在很大差异。2012年，位列前三位的卢森堡、奥地利、爱尔兰分别为271、131、129，数值最低的保加利亚仅为47，差距将近6倍。[①] 欧盟国家自身的经济发展也存在不均衡。例如，2013年希腊人均国内生产总值为22055美元，在世界经济中仅排在第37位，[②] 但是希腊实行的福利制度却非常优厚，位列世界第三。希腊实行的福利制度超越了本国经济发展实力，导致公共债务高涨，成为此次欧洲主权债务危机的导火索。希腊自身社会经济发展失衡，是引发危机的主要原因之一。

欧盟内部的统一货币政策和协调的财政政策对不同国家具有不同的政策效果，并不一定适合所有国家的经济发展情况。当受到经济危机的冲击时，在经济发展状况参差不齐的欧盟成员国内实施统一经济政策的弊端就显得更为突出。统一的经济政策对一部分国家

---

① 这是基于购买力评价的人均GDP，以欧盟27国为100，资料来源：欧盟统计局，http://epp.eurostat.ec.europa.eu/tgm/table.do?tab=table&init=1&plugin=1&language=en&pcode=tec00114。

② 根据人均国内生产总值排名。资料来源：*World economic outlook*, April 2013, by International monitory fund (IMF)。

有利的同时，可能会使得另一部分国家的经济形势恶化。因此，经济失衡不仅可能导致危机的发生，而且可能导致危机的深化。欧盟已经认识到内部经济失衡问题的严重性，并且采取了相应的措施应对经济失衡，以避免在将来重蹈覆辙。

三 欧盟的应对措施

在应对主权债务危机的过程中，欧盟经过长期的激烈争论，最终在欧盟峰会上达成了一些重要的协议，使得欧洲主权债务危机的应对措施进入机制化轨道。这些协议，不仅对于应对主权债务危机具有重要意义，而且同时也推动了欧洲经济一体化的前进步伐。欧盟解决欧洲主权债务危机的机制化措施主要包括以下几点。

第一，欧盟建立"欧洲金融稳定基金"（EFSF），在此基础上欧盟启动"欧洲稳定机制"（ESM），并取代了临时性的欧洲金融稳定基金。2010年5月，欧元区17个成员国成立欧洲金融稳定基金，以解决欧洲主权债务危机，提供财政援助以帮助欧元区成员国解决经济困难。由于欧洲金融稳定基金属于临时性组织（2013年6月到期），在成员国的法律上存在合法性质疑，于是欧盟成立了永久性救助机制——欧盟稳定机制。这是一道欧元区国家应对债务危机的防火墙，并于2012年10月8日生效。该机制拥有高达7000亿欧元的资金，用于向重债国家提供资金援助和购买这些国家的国债，帮助这些国家从金融市场融资，以维护欧元区的金融稳定。这些国家在接受援助的同时也要接受严格的附加条件。

第二，欧盟签订《欧洲经济货币联盟稳定、协调和治理公约》（又称《财政契约》）。2012年3月，25个欧盟成员国（除英国和捷克以外的欧盟成员国）签署财政契约，旨在加强欧盟成员国的财政纪律，有效约束成员国年度预算不超过国内生产总值3%和公共债务不超过国内生产总值60%的上限。财政契约规定欧盟法院可以监管成员国的预算执行平稳情况，并可对其进行处罚，罚金归欧洲稳定机制处置。这将对成员国的财政平衡进行有效约束。《财政契约》的签订修正了欧洲经济货币联盟的一个制度缺陷，也就是欧盟统一的货币政策和分散的财政政策之间存在的矛盾，向财政联盟迈出了实质性的一步。该契约于2013年1月1日生效。

第三，欧洲中央银行实行直接货币交易计划（OMT）。2012年9月6日，欧洲中央银行行长德拉吉宣布，欧洲央行将在二级市场上以严格的约束条件无限量购买欧元区成员国的主权债券，主要是购买1~3年期的短期国债。这就是"直接货币交易计划"（OMT）。当一国的融资成本攀升导致出现市场投机，有可能影响欧元区的稳定和统一时，欧洲央行为了稳定市场可以在二级市场无限量购买该国的国债；但是如果受援国无法兑现其承诺的财政紧缩和结构改革措施，欧洲央行将会中止购债。这项措施是欧洲央行应欧元区国家要求提供财政援助而设立的，以遏制欧洲主权债务危机的蔓延。该措施可以有效打击市场的投机行为，降低长期国债收益率。

此项措施对于南欧主权债务的恐慌性抛售颇有成效。西班牙和意大利的债券收益率在欧洲央行宣布该计划后大幅度下降，并且持续走低。事实上，欧洲央行从宣布此项计划至今并没有被迫激活这一计划，也就是没有按计划买入任何债券。欧洲央行的这一承诺，已经足以稳定金融市场。

第四，建立银行业联盟。即建立单一的银行监管机制法律框架。2012年6月，欧元区国家元首和政府首脑峰会提出建立银行业联盟。欧盟的《银行业联盟路线图》指出，欧洲银行业联盟将由三大支柱组成。即：单一监管机制（SSM，授权欧洲央行统一监管欧元区银行）；共同存款保险机制（DGS，建立一套完善机制来保护欧元区银行储户存款）；单一清算机制（SRM，建立一只基金对受困银行进行有序破产清算或重组）。

银行业联盟的三大支柱分别于2013年10月、12月和2014年4月达成协议，并将于2016年启动清算基金计划，通过向银行征税，在其后8年间征集550亿欧元资金以支付未来问题银行的清算成本。由此，纳税人将不再为问题银行纾困，而是由银行的股东等投资者承担。另外，建立单一清算机制也可以阻断问题银行对国家救助的依赖，防止银行业危机向主权债务危机转变。银行业联盟是欧洲经济与货币联盟深化的一部分，与上述的欧洲稳定机制、财政契约等一样是欧洲一体化的进程中的重要一步，并将为未来的财政一体化铺路。

第五，启动"宏观经济失衡程序"。2011年12月，欧盟启动了旨在消除和缩小成员国之间经济失衡的宏观经济失衡程序。欧盟认识到内部经济失衡的严重性。欧盟内经济失衡不仅是导致此次债务危机的主要原因之一，而且经济失衡的扩大和深化将阻碍欧洲经济一体化的发展。欧盟通过采用"打分板"等措施对欧盟成员国进行量化评估，对存在严重经济失衡的国家进行深度评估，并监督存在经济失衡的国家进行相应的经济结构改革，以此来缩小成员国之间的差异，使各国的经济发展更趋均衡。欧盟经济再平衡的措施，在一定程度上有助于缩小成员国之间的经济差异，长期来看有助于成员国经济向更加趋同的方向发展。

上述措施不仅有助于欧盟走出主权债务危机，更重要的是一定程度上弥补了欧盟机制的缺陷，有效推动了欧洲经济一体化的发展。这也是欧盟借此次危机之机达成的一些重要协议。

第二节　欧洲主权债务危机与欧洲经济失衡

由于欧洲主权债务危机与欧洲经济失衡具有密切关系，而且对经济失衡的研究也是对经济趋同的深入研究，因此，在这里有必要对欧洲的经济失衡做简要的介绍和分析，并对欧洲主权债务危机与经济失衡之间的关系进行阐述。

一　欧盟对经济失衡概念的界定

欧盟的经济失衡定义不同于全球的经济失衡。欧盟对经济失衡的定义是，宏观经济中存在不利于或潜在不利于经济发展的因素，要及早发现这些不利因素，通过经济改革等方式进行防范和纠正，以保证经济的持续平稳发展。[1] 欧盟没有像全球经济失衡的定义那样将贸易失衡作为衡量宏观经济失衡的主要标准，而是将其作为衡量宏观经济失衡的指标之一，用包括贸易失衡在内的10个指标全面衡量经济失衡，定期对成员国进行评估。在欧盟的监督下，成员国针对存在的问题进行经济改革，消除经济运行中的不利因素，以确保经济的健康稳定发展。因此，欧盟对经济失衡的界定与强调贸易

---

[1] Regulation (EU) No 1174/2011 of the European Parliament and of the Council of 16 November 2011. Official Journal of the European Union.

失衡的全球经济失衡[①]存在很大差异。

欧盟使用量化标准衡量成员国的经济失衡，主要采用包括10个指标的"打分板"[②]（the MIP scoreboard）作为标准，判断欧盟国家的内外部经济失衡情况。打分板是一种反映成员国潜在的宏观经济失衡的早期预警信号机制，它所包含的指标是欧盟委员会经过与理事会、欧洲议会和欧洲系统风险委员会等部门协商后确定的，用于在初期筛选存在短期失衡或者结构性长期失衡的国家，之后再对这些国家进行深入评估和分析。欧盟通过分析指标的动态变化，结合国家的近期发展和前景预期，并参考成员国特定的制度和环境，对成员国进行综合评估。[③]

二 欧洲主权债务危机与欧洲经济失衡

欧盟国家在长期经济趋同的同时仍然存在经济失衡问题。从长期来看，随着欧盟的逐步扩大，欧盟成员国呈现经济趋同的特征，

[①] 传统的全球经济失衡研究是围绕国际收支平衡进行的。最早提出全球经济失衡概念并被学术界引用最多的，是2005年2月IMF总裁拉托在《纠正全球经济不平衡——避免互相指责》演讲中的阐述。他指出，全球经济失衡是"一国拥有大量的贸易赤字，而与该国贸易赤字相对应的贸易盈余则集中在其他一些国家"。拉托对全球经济失衡的阐述成为目前的主流定义，全球经济失衡也往往被归结为国际贸易失衡。

[②] 欧盟的打分板中包括的10个指标分别是：经常账户盈余占GDP比重的3年平均值、净国际投资头寸占GDP比重、3年间实际有效汇率变化、5年间出口市场份额变化、3年间名义单位劳动力成本变化、房价同比变化、私人部门信贷流量占GDP比重、私人部门债务占GDP比重、一般政府债务占GDP比重、失业率3年平均值。这些指标可以分为两个部分，分别用于判断内部失衡和外部失衡。其中前5个指标用于衡量外部失衡和竞争力水平，后5个指标用于衡量内部失衡。

[③] *Alert Mechanism Report*, February 14, 2012. Published by European Commission.

例如老成员国的经济周期趋同,并形成了经济核心国家;同时,欧盟成员国的经济仍然存在一些差异,而且这些差异呈现扩大和深化的态势。① 尤其是在经济危机时期,这种差距更加容易凸显出来,并且随着经济形式的恶化而进一步深化。

欧盟将经济失衡区分为内部失衡和外部失衡,使用一国的多项经济指标,例如储蓄、负债、外汇储备、国际贸易收支等作为经济失衡的判断标准。② 欧盟国家的内部和外部失衡日益加剧,并被认为是导致债务危机的主要原因之一。随着欧盟经济失衡问题的日益突出,欧盟委员会也加强了对经济失衡的经济治理,将经济再平衡和提高竞争力作为主要经济治理手段,以期走出债务危机。

经济失衡是导致主权债务危机的主要原因之一。欧盟内部经济失衡导致部分国家连续多年积累了贸易盈余和财政盈余,同时其贸易伙伴国却是贸易赤字和财政赤字。部分贸易赤字国多年持续存在高额的财政赤字,在受到金融危机的冲击时,原本难以为继的财政状况就直接诱发了主权债务危机。而与这些贸易赤字国相对应的是德国等连续多年贸易盈余的国家。德国的贸易主要集中在欧盟内部,贸易盈余主要来自欧盟国家,也就是贸易赤字国,经济失衡可以说是此次欧洲主权债务危机的源头。欧洲债务危机的爆发把这个问题凸现出来,欧盟旨在通过经济治理促使经济再平衡。

---

① 2010年,几乎所有欧盟国家都超过了《稳定与增长公约》规定的赤字率3%的上限,希腊、葡萄牙和西班牙财政赤字率超过9%,爱尔兰高达32%。2007年,荷兰和德国经常账户盈余占GDP比重分别为8.4%和7.6%,西班牙赤字10%。

② 2011年2月,二十国集团(G20)财政部长和央行行长会议确定全球经济失衡指标,经济失衡的内部指标是财政赤字、公共债务、私人储蓄率,外部指标是流动资本交易平衡总量、实际有效汇率。

(一) 欧盟国家经济失衡的状况

近几年,欧盟的经济失衡呈现扩大和深化的趋势。欧盟委员会发布"2013年度预警机制报告"(AMP)指出,英国、法国、意大利、西班牙等14个国家正在面临经济失衡。[1] 随后公布的深入评估报告指出,除已申请救助的国家之外,塞浦路斯是经济失衡问题最严重的国家,它作为申请救助国从经济失衡程序中被剔除,纳入到救助国家监管行列(包括希腊、爱尔兰、葡萄牙、罗马尼亚)。欧盟对斯洛文尼亚和西班牙提出了重点警告,这两个国家属于深度失衡国家。斯洛文尼亚的金融稳定存在巨大风险,西班牙则由于国家债务水平居高不下,严重威胁金融稳定和经济增长。

2013年欧盟的经济失衡继续蔓延。2013年11月欧盟委员会公布的"2014年度预警机制报告"指出,欧盟存在宏观经济失衡的国家扩展到16个[2]。其中,除了西班牙和斯洛文尼亚[3]已经被纳入到严重经济失衡国家之外,还有包括德国在内的14个国家面临经济失衡的困扰。[4] 可见,欧盟经济失衡范围正在扩大,并且呈现深化的趋势。

---

[1] 2012年AMP公布的14个存在经济失衡的欧盟国家,包括比利时、保加利亚、丹麦、西班牙、法国、意大利、塞浦路斯、匈牙利、马耳他、荷兰、斯洛文尼亚、芬兰、瑞典、英国,比上期报告增加了马耳他和荷兰两个国家。

[2] 2013年AMP公布的16个存在经济失衡的欧盟国家,包括西班牙、斯洛文尼亚、法国、意大利、匈牙利、比利时、保加利亚、丹麦、马耳他、荷兰、芬兰、瑞典、英国、德国、卢森堡、克罗地亚。

[3] 欧盟在报告中对斯洛文尼亚提出积极评价。因为斯洛文尼亚近几个月的加速改革效果较好,特别是银行重组方面取得了突破性成果。

[4] *Alert Mechanism Report*, November 13, 2013. Published by European Commission.

尽管从长期来看，欧盟国家经济增长具有趋同的态势，但是各个欧盟国家内部的主要宏观经济指标仍有较大差异，这些差异也就是目前欧盟关注的成员国经济失衡。分析欧盟国家的宏观经济失衡，探究其经济失衡的原因，对于促进欧盟的经济趋同具有重要意义。欧盟国家经济失衡的主要表现如下。

第一，欧盟国家的经济水平差异较大。按人均收入3万欧元以上、2万~3万欧元、低于2万欧元分类，可以将欧盟国家分为三个梯队。这三个梯队的国家的人均年收入分别为5万欧元、2.5万欧元和1.3万欧元，不同梯队的差异呈现倍数增长。其中，第一梯队的11个国家全部是老成员国，而第三梯队的大部分是中东欧国家。国家间的人均收入差距最多高达16倍（卢森堡最高，保加利亚最低）。[1]欧盟为了缩小成员国之间的差距付出了相当大的代价。欧盟为了东扩，1990~2006年向中东欧国家拨付的资金总额高达940亿美元，超过了马歇尔计划的援助总额。

第二，欧盟经济失衡国家继续增加。2012年11月欧盟委员会发布第二期预警机制报告，14个国家正在面临经济失衡，较上期增加两个国家（马耳他和荷兰），经济失衡呈现继续扩大态势。欧盟将对这些国家进行深入分析，并有可能要求成员国政府进行相应的政策调整，以实现经济再平衡。马耳他和荷兰主要是多年来一直在经常账户赤字和私人部门债务方面存在超标，2012年有显著增加的趋势，而且经济复苏乏力，因此被纳入最近的预警机制报告中。

---

[1] 《欧盟经济现状与前景》，国务院发展研究中心"世界经济趋势与格局"课题组，新华社数据库，2013年5月23日。

第三，欧盟的宏观经济失衡主要表现为欧盟国家有大量和持久的贸易赤字或盈余、竞争力持续减弱、政府债务居高不下、房地产泡沫等方面。[①] 这些已经成为欧盟经济失衡的痼疾，亟待解决。其中，欧盟国家的经济失衡表现最为突出的是贸易失衡和财政失衡。比较欧盟国家2001~2011年的经济失衡指标，可以发现经济失衡主要集中于国际贸易和财政失衡，财政赤字率呈现上升趋势，并且国家间的差异逐渐增大（见图7-1）。贸易失衡也较为严重（见图7-2），德国长年保持大量贸易顺差，这与其贸易伙伴国的贸易逆差相对应。特别是在金融危机期间，欧盟内的经济失衡迅速加深。

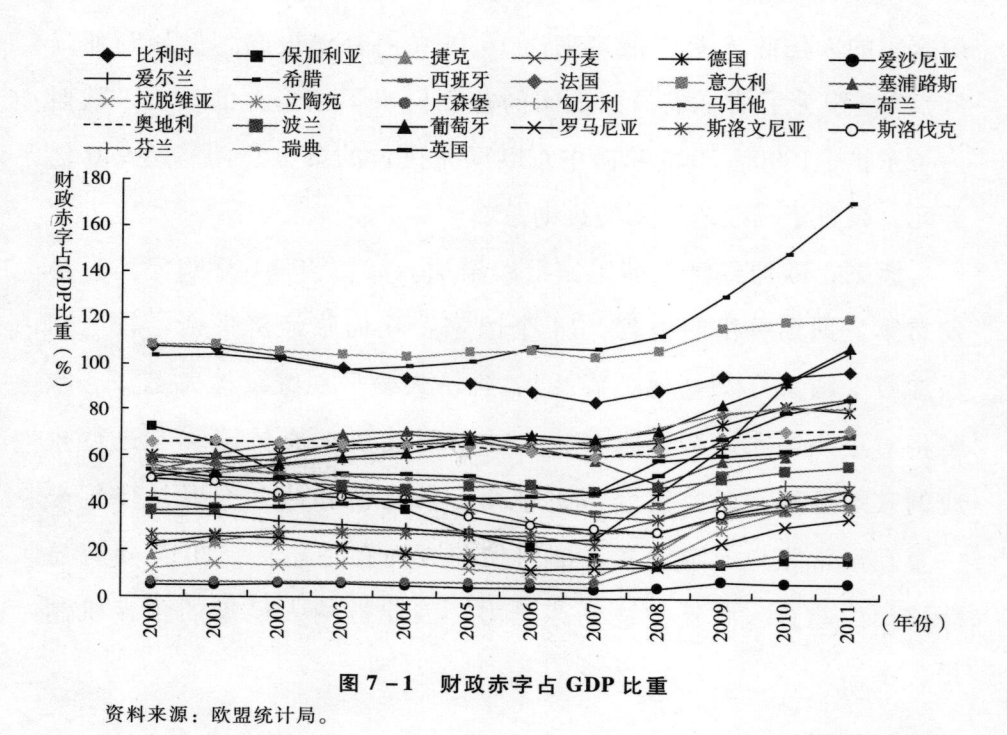

图7-1 财政赤字占GDP比重

资料来源：欧盟统计局。

[①] *Alert Mechanism Report*, February 14, 2012. Published by European Commission.

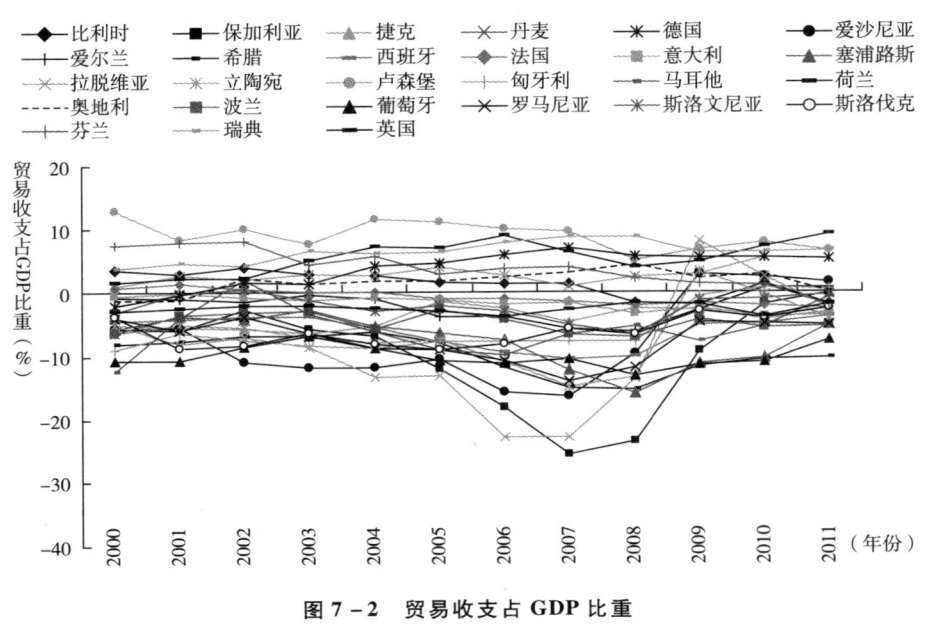

第七章 欧洲主权债务危机与欧洲经济趋同 177

◆—比利时	■—保加利亚	▲—捷克	✕—丹麦	✱—德国	●—爱沙尼亚
+—爱尔兰	—希腊	—西班牙	◆—法国	—意大利	▲—塞浦路斯
✳—拉脱维亚	—立陶宛	●—卢森堡	+—匈牙利	—马耳他	—荷兰
-----奥地利	■—波兰	▲—葡萄牙	✕—罗马尼亚	—斯洛文尼亚	○—斯洛伐克
+—芬兰	—瑞典	—英国			

图 7-2 贸易收支占 GDP 比重

资料来源：欧盟统计局。

从外部来看，欧盟国家的经济失衡主要集中于经常账户、国际投资和出口市场份额等指标，表明欧盟国家外部失衡和竞争力减弱在这些方面比较严重，多数国家的实际有效汇率和单位劳动力成本表现较好。从内部来看，私人部门债务、一般政府债务和失业率超标的国家较多，而房价、私人部门信贷则表现较好。欧盟指出提升经济竞争力是实现经济再平衡的核心任务，希望通过优化产业结构来提升经济竞争力，以缓解贸易失衡和增加财政盈余。

一个国家的内部失衡与外部失衡是紧密相连的。一个国家长期的贸易失衡也会导致该国的内部财政失衡。如果一个国家长期存在贸易失衡，就必然导致该国的财政出现盈余或者亏损的累积，也就引发了国家的内部财政失衡。而当受到外来经济冲击时，国家的经济失衡问题就显露出来。因此，当金融危机在欧洲演化成主权债务危机之后，欧盟开始重视内外部经济失衡问题，积极推行经济再平衡措施，从防范和纠正经济风险角度，通过经济指标预警、深入评估和督促改革等方式，从根本上解决成员国的经济失衡问题。

（二）欧盟经济失衡的原因分析

第一，欧盟内部贸易失衡。由于德国拥有先进的技术、较高的生产效率和较低的人力成本，以技术和品质优异著称的德国产品具有很强的竞争力，在欧盟内部占据了很大的市场份额，由此带来持续多年的大量贸易顺差。其他国家由于经济结构、科技水平和产业能力较落后，竞争力居于弱势导致出口增长缓慢，甚至下降，但是国内需求却持续旺盛，因此经济落后的国家长年处于贸易逆差的地位。统一货币之后，贸易壁垒的消除加速了贸易流通，由竞争力差异导致的贸易失衡就更加凸显。

第二，欧盟国家之间经济实力和竞争力差异较大。欧盟国家之间的经济实力差异较大，特别是欧盟东扩之后，新加入的中东欧成员国与老成员国在经济实力、产业结构和竞争力等方面都存在较大差异。尽管欧盟采取了资金支持和政策倾斜，但是政策的效果显现仍然需要一段较长的时间。随着欧盟成员国之间的经济联系日益紧密，根据各国的地缘位置和产业优势，成员国之间形成新的产业分布格局。这一方面促进了经济落后国家的产业升级，提高了生产效率和经济增长率；另一方面也使得经济发达国家和竞争力较强的国家更加能够吸引人才和资金，产品竞争力较强使得这些国家的贸易顺差增加。经济竞争力较弱的国家维持一定的贸易逆差，成员国之间的经济不平衡将继续存在，甚至在一段时期内可能有扩大的趋势。随着经济落后国家经济竞争力的提升,这种不平衡有可能逐渐缩小。

第三,外来冲击加剧了欧盟国家的经济失衡。此次金融危机的冲击加剧了欧盟成员国的经济失衡。从历史上来看,历次金融危机和经济危机时期,欧盟成员国的经济离散性都呈现扩大态势,经济失衡情况增强。这主要是因为,在危机时期成员国受到外来冲击经济下滑,为了刺激经济增长,各国纷纷采取适合本国的刺激经济措施,经济一体化的前进步伐放缓。由于各国的经济情况不同,因此经济政策也各异,各国的经济复苏就呈现不同特点。因此,危机时期的欧盟成员国经济状况差异显著增大,经济失衡情况比危机前更为严重。此次金融危机导致了欧盟国家的经济失衡加剧。随着经济的复苏,各国经济重回正常轨道,经济失衡的状况将会有所减弱。

此次金融危机,使得欧盟加强了成员国经济失衡的监管,采取多项措施预防和缩小经济失衡。这些措施不仅有助于欧盟成员国缩小经济失衡,而且有助于推动欧洲经济一体化的深化。

(三) 欧盟实现经济再平衡的措施

欧盟于2011年12月启动欧盟经济治理的六项改革法案之一——宏观经济失衡程序(MIP),[1] 旨在预防和纠正欧盟国家的经济失衡,督促成员国进行经济改革来提升竞争力,消除欧盟国家经济失衡的因素,通过促进经济增长和就业,增强欧盟的整体经济实力,

---

[1] *Scoreboard for the Surveillance of Macroeconomic Imbalances*, published by European Commission, Occasional Paper No. 92, Feb. 2012.

从而从根本上走出债务危机。

该机制主要包括两个步骤。第一步，欧盟委员会发布预警机制报告。根据"打分板"的经济指标对成员国进行分析，筛选存在经济失衡风险和需要进行深入审查的国家。第二步，对这些国家进行深入评估。通过使用更广泛的经济指标和分析工具，结合国家改革方案和稳定或趋同方案，综合判断这些国家的经济失衡程度和面临的风险。对于经济失衡严重的国家，要启动过度失衡程序（EIP），最终将对履行责任失败的欧元区成员国采取一定的制裁，通过巨额罚款等措施促使存在经济失衡的成员国进行经济改革。

宏观经济失衡程序是欧洲经济一体化宏观经济监管的一个组成部分。如果是过度经济失衡国家，委员会将判断成员国的政策是否适当，委员会将通过理事会建议成员国采取修正方案。成员国提交行动调整方案，行动调整方案由委员会和理事会进行评估，执行情况由委员会密切监管，委员会定期出台报告公布这些国家的政策调整情况。

2012年，欧盟开始实施宏观经济失衡程序。目前已发布三期预警机制报告（AMP），公布需要进行深度审查的国家。欧盟于2012年5月、2013年4月和2014年3月分别对这些国家进行了深入评估，发布三期深入评估报告，在欧盟的监督下这些经济失衡国家进行了经济改革。总体来看，部分国家的改革取得了一定成效，但是欧盟整体的经济失衡状况仍然没有改观，并且有扩大的趋势。因此，欧盟的经济再平衡任务仍然十分艰巨。

经济再平衡的核心任务是提升竞争力。欧盟希望通过提升成员国的经济竞争力促进其经济增长和出口增长，以缓解贸易失衡和增加财政盈余。拥有强势竞争力的德国也表示，经济再平衡的关键是提升落后国家的竞争力，而非缩减贸易顺差国贸易盈余。欧盟将通过评估失衡国家的竞争力、贸易水平、债务水平和失衡程度，促使它们实现经济再平衡。其中，提升经济竞争力是实现经济再平衡的核心任务。

为了应对欧盟有扩大和深化趋势的经济失衡，欧盟将经济再平衡作为应对债务危机的主要措施。欧盟将加大对经济落后国家的改革力度，提升成员国的整体竞争力，特别是促使经济落后国家提升竞争力，缩小成员国之间的经济差异和失衡。欧盟通过提升竞争力，对内缩小成员国之间的经济差异，对外则通过与美国、日本、韩国等国家建立自由贸易区等方式[1]，进一步扩大欧盟的外部市场，从而拉动欧盟内部的经济增长和就业，以实现提高欧盟的整体经济实力的目标。

尽管2012年欧盟引入了经济失衡强制性改革机制——宏观经济失衡程序，希望通过定期的量化评估，以及向成员国收取巨额罚款等措施促进经济失衡国家进行改革，但是这些措施在短期内难以取得显著效果。随着世界经济环境的好转，欧盟国家经济改革的效果逐渐显现，欧盟的经济失衡才有可能逐渐得以缓解。

三 欧洲主权债务危机对经济趋同的影响

在欧洲经济一体化进程中，当欧洲经济受到外来冲击时欧洲经

---

[1] 2011年7月1日欧盟与韩国的自由贸易协定生效，2013年10月18日欧盟与加拿大签署自由贸易协定，2013年3月26日欧盟正式启动与日本的自由贸易协定谈判，2013年初欧盟开启与美国的跨大西洋贸易协定谈判。

济一体化会受到阻滞，欧盟国家的经济状况因为受到的冲击程度不同而表现出更大差异，经济发展离散程度增加。因此，此次欧洲主权债务危机对欧盟经济趋同具有不利影响。具体表现为以下几个方面。

第一，欧洲主权债务危机导致成员国经济增长剧烈波动，国家间的差异增大。欧盟国家受到主权债务危机影响，经济增长普遍减缓。2009年，欧盟国家经济增长率急剧下滑，国家间的经济增长差异扩大。欧盟平均经济增长-4.3%，其中衰退最严重的国家拉脱维亚为-17.7%，只有波兰保持了1.6%的正增长。在2009年欧盟经济抵达波谷之后，欧盟国家经济开始缓慢恢复增长，2013年平均经济增长0.1%。比如拉脱维亚由危机时期衰退最严重的国家一跃成为增速最快的国家，增长4.1%。[①]

中东欧国家的经济波动比老成员国更大，一定程度上表明中东欧国家受到的影响大于老成员国。其原因，一是在主权债务危机来临之际，国际市场需求大幅度减少，中东欧国家的出口迅速收缩，国内实体经济出现下滑。二是中东欧国家的外来资本大量外逃（这些投资主要来自西欧国家），致使其经济快速衰退，比老成员国的经济波动更为剧烈。因此，在欧洲主权债务危机时期，欧盟国家的经济离散性增强。

第二，成员国财政状况恶化，欧盟经济离散性增强。尽管欧盟成员国的财政状况受到《稳定与增长公约》的约束，但是欧盟国家的财政状况仍然存在很大差异。受到金融危机的冲击，由于缺乏灵

---

① 数据来源：*European Economic Forecast*, Spring 2014, by European Commission, p.132。

活的货币政策，欧盟国家的首要选择是为金融市场注入流动性，以稳定金融市场。之后政府的经济刺激计划也耗费了大量的财政支出，导致成员国的赤字率和政府债务率迅速增大，最终引发了欧洲国家的主权债务危机。由于各欧盟国家的实力、财政储备、危机适应能力都存在较大差异，在金融危机和主权债务危机的推波助澜下，国家间的差异进一步扩大。

第三，欧洲主权债务危机的爆发导致成员国的利率差异增大。在金融危机和主权债务危机时期，欧盟国家的利率呈现剧烈波动，特别是中东欧国家的长期利率急剧攀升。例如，2009年欧洲主权债务危机最严重的时候，立陶宛的名义长期利率一度攀升至14%。

欧盟的新老成员国具有不同的特征。欧盟老成员国的长期利率基本稳定，具有较强的同步性，差异较小，而且与欧盟的平均水平十分接近；欧盟新成员国之间的差异则比较大。危机时期，受危机影响最严重的国家长期利率骤然上升，特别是新入盟的中东欧国家普遍出现大幅度上升，多数国家高于老成员国的水平。2009年，新成员国拉脱维亚、立陶宛的长期利率超过10%，而老成员国中希腊和爱尔兰的利率最高也仅为5.2%。[①] 由此可见，危机使得欧盟国家的利率出现剧烈波动，而且国家间的利率差异进一步扩大，特别是新入盟的中东欧国家间的差异较大。

各成员国的长期利率差距拉大，主要是由于巨额的主权债务到期，长期利率大幅攀升，而危机时期各成员国受到的冲击不同，所承担的主权债务不同，各国的长期利率出现不同程度的波动，成员

---

① 数据来源：*EU Econocmic Datat Pocketbook*, 2010 No. 4, p. 118。

国之间的长期利率差异显著加大。

总体来看,尽管欧盟国家经济失衡较为严重,对欧盟的经济一体化产生了不利影响,但是随着欧盟经济治理对经济再平衡的调整和欧盟经济的逐步转型,欧洲经济一体化的总趋势仍然不会改变。欧盟通过经济治理特别是经济再平衡,将走出债务危机。欧盟将通过提高成员国的竞争力,优化国家的经济结构,缩小和避免经济失衡,作为应对债务危机的根本措施。

第三节 欧盟经济趋同前景

一 欧洲主权债务危机后欧盟国家经济趋同的趋势

经济危机对于经济趋同具有不利影响。纵观欧洲经济一体化的历史,历次经济危机时期,欧盟经济趋同都会受到不同程度的打击,成员国之间的经济差异显著增强。这是因为在危机时期,成员国首先选择对本国经济进行自保,出台适合本国应对经济危机的政策。由于各国受到经济危机的冲击存在差异,所出台的经济政策就各不相同,政策对经济的影响也就千差万别。尽管各国的政策初衷都是抵御危机,促进本国的经济增长,但是由于经济形势、外来冲击、政策效果的差异,与经济平稳时期相比,成员国的宏观经济就表现出较大差异。

这次源于美国的金融危机,以及之后演变成的欧洲主权债务危机,同样对于欧盟的经济趋同具有不利影响。在危机时期,欧盟国家的经济增长速度减缓,一度陷入衰退,各国经济衰退的程度差异较大。例如，首先陷入衰退的国家是经济危机最为严重的葡萄牙、意大利、爱尔兰、希腊、西班牙五国。

尽管欧洲陷入主权债务危机，但是欧洲国家并没有对欧盟和欧元丧失信心，部分未入盟国家认为欧盟和欧元区在一定程度上是抵御外部冲击的避风港。例如冰岛在险些由于金融危机陷入国家破产境遇之后，宣布申请加入欧盟和欧元区。但是，也有一些国家对欧盟持消极态度，例如英国等。

此次金融危机对于欧盟既是挑战也是机遇。欧盟为了应对金融危机出台了一系列机构建设的措施，借此机会加强了经济治理。例如，成立欧洲稳定金融机制（EFSF）、财政联盟和银行联盟等。这有利于缓解欧盟统一的货币政策与分散的财政政策之间的矛盾，而且也推进了欧洲经济一体化的深入和发展，对于成员国的经济改革具有推动作用。例如，推动主权债务危机严重的国家进行经济改革，特别是推动了非常艰难的公共部门和福利制度改革。这些改革在经济平稳时期是难以推动的。尽管改革步伐艰难，而且从短期来看可能对经济的推动作用非常小，甚至会在一定时期内抑制经济增长。但是，从长远来看，这是欧盟在经济转型过程中的必经之路，也是欧盟走出危机的有效途径。目前，对于欧盟何时走出主权债务危机仍然无法准确预知，但是，欧洲经济一体化的深入和发展是毋庸置疑的。

二 欧盟经济前景展望

2013年，欧盟国家经济增长依然缓慢，并没有显示出强劲的经济复苏态势；但是普遍认为，欧盟在此次危机中的艰难时刻已经过去。

欧元区不会分崩离析。从欧元创始之初，就有诸多唱衰欧元的论调。当欧元区深陷债务危机时，废除欧元的声音更是高涨。然而，当危机来临时，欧元区是重债国家的主要避风港。随着欧洲主权债务危机最艰难时期的过去，欧元区的存续证明了其存在的价值。

与此同时欧盟也在逐渐扩大。在欧洲主权债务危机时期，一些国家相继加入欧盟和欧元区。由此看来，尽管欧盟自身仍然存在诸多问题，欧盟的机制有待发展和完善，遭受了百年难遇的危机的重创；但是欧盟整体不仅得到了绝大多数欧洲国家的认同，而且加入欧盟仍然是这些国家发展经济、规避风险的首要选择和重要途径。

因此，随着欧洲经济一体化的发展，欧盟和欧元区的成员国仍将在不断的争议和妥协中继续前行。

第四节 小结

纵观欧洲历史，在经济危机时期欧洲经济一体化会受到冲击，成员国的经济趋同性会受到不利影响，国家间的经济发展轨迹差异显著增大。此次欧洲债务危机时期，欧盟国家的经济协动性也显著减弱。成员国之间的内部和外部经济失衡都显著增强，欧盟启动了宏观经济失衡程序，以弱化和防范成员国之间的经济失衡。

欧洲债务危机的最艰难时期似乎已经过去，欧盟国家将通过促进经济增长和就业推动经济发展，使欧洲经济走出低谷，实现经济复苏。

要想走得快一个人走，但是要想走得远必须一起走，这是欧盟反复强调并且正在实践的道路。欧盟力量的强大关键在于成员国的团结和妥协。尽管欧盟国家仍有分歧和各种差异，以及内部不平衡等问题，但是欧盟已经着力通过各种途径去实现经济再平衡，以缩小成员国之间的差异，促使成员国的经济朝向更加富有朝气和活力的方向发展。

第八章
结论与展望

第一节 本书的主要结论

经济的周期性波动是经济增长过程中的重要现象。随着欧洲经济一体化的深入，欧盟国家之间的经济周期波动呈现趋同的特征，各国的经济周期波动已不仅仅表现出各自的特性，还呈现出相互传导、相互影响的态势。本书沿着欧洲经济一体化的历史进程，分析了欧洲经济一体化各个阶段的经济周期波动特征，并从国际贸易、货币政策和财政政策三个方面，研究了经济一体化进程中经济政策趋同对各国经济周期波动趋同的影响。本书的主要结论如下。

第一，随着欧洲经济一体化的发展，欧盟国家经济周期趋同性增强。

欧洲经济一体化经历了关税同盟、统一市场和经济货币联盟三个阶段。随着经济一体化进程的逐步深入，欧盟成员国之间的经济周期波动呈现趋同的态势。以欧盟成员国的经济周期趋同性指数来衡量，本书根据数据将欧洲经济一体化的发展阶段划分为三个时期，即关税同盟、统一市场和经济货币联盟三个阶段，对应时期为1960～1992年、1993～1998年和1999～2010年，这三个时段欧盟国家的经济周期趋同性指数分别为32.5、28.8、3.0。可以看出，趋同性指数随着经济一体化的发展变小，特别是在1999年之后趋同性指数显著变小。因此可以得出结论，欧盟国家的经济周期随着经济一体化的发展呈现趋同的特征，1999年经济货币联盟建立之后这一趋同现象尤其显著。

整体看来，欧盟国家的经济周期随着经济一体化发展呈现趋同的态势，但是不同的发展阶段具有不同的特征。具体来看，1960～1975年，欧盟国家经济周期趋同性较好。因为共同关税政策发挥了较好的作用。1976～1980年，欧盟国家经济周期趋同性较差。主要是受到经济危机的不利影响，发达国家由于出现普遍的经济滞胀，各国的经济特性和采取的经济政策不同导致国家之间经济周期的差异增大。1981～1988年，趋同性较好。因为其间欧盟再次将经济一体化纳入日程，并在1986年签署统一欧洲法案，提出建立统一大市场，有效地促进了欧洲国家的经济周期趋同。1989～1995年，欧盟国家趋同性较差。这是因为德国统一和受到经济危机的不利影响。1996～2008年，欧盟国家经济周期显著趋同。主要是因为1992年统一大市场建成以及经济货币联盟的作用。

随着经济一体化的发展，欧盟国家经历了关税同盟、统一市场和经济货币联盟等阶段。在每个阶段，欧洲经济周期趋同的表现各不相同。总体而言，欧盟国家的经济周期趋同与欧洲经济一体化和各国的经济形势发展具有密切联系。当各国的经济形势发展较好时，对经济一体化政策执行的效果也较好，经济周期表现也较为趋同。例如，在关税同盟建立初期，各国的经济周期明显比经济危机频发的20世纪70年代表现得更为趋同；在成员国经济衰退和经济一体化进程受阻时，各国的首要任务是发展本国经济，无暇顾及经济一体化的进展，各国宏观经济波动的差异较大。

欧洲经济周期趋同的另一个特征是，随着欧洲经济一体化的发展，成员国经济周期的趋同逐渐增强，特别是1997年以后，欧盟国家的经济周期趋同明显增强。这主要是各国为了进入欧洲经济货币联盟而努力使本国达到准入标准，即经济趋同标准。

第二，成员国的对外贸易是欧盟各国经济周期趋同的主要影响因素。

随着欧盟经济一体化的发展，成员国之间贸易壁垒逐渐消除，统一大市场成功建立，经济货币联盟的建立消除了货币障碍，成员国之间的贸易往来成为国家间联系的主要渠道。成员国之间的贸易超过欧盟对外贸易的60%，成为欧盟国家间经济周期波动相互传导的主要途径。1970年以来，欧盟国家的对外贸易呈上升趋势。根据实证分析发现，欧盟国家对外贸易的增加对欧盟国家间经济周期波动的趋同具有积极影响。通过对1960~1985年、1986~1998年和1999~2006年三个时段的考察，发现欧盟国家的对外贸易与成员国之间的经济周期趋同的相关性逐渐增强。通过格兰杰因果检验，表明欧盟国家的对外贸易是国家间经济周期趋同的主要原因。因此得出结论：随着经济一体化的深入，欧盟国家对外贸易，尤其是成员国之间的贸易发展，促进了欧盟国家的经济周期趋同。

欧盟内部贸易格局和分工格局均呈现以德国为核心向外辐射的结构，对于欧洲经济周期趋同具有重要的作用。其中，欧盟内部贸易格局的第二层次包括法国、荷兰、比利时、意大利和英国，这种贸易格局与欧洲经济趋同的结构类似。通过对欧洲经济周期的实证分析，笔者认为，在1999年欧洲经济货币联盟成立之后形成了经济核心国家集团，主要包括德国、荷兰、意大利、法国、比利时、芬兰；并且欧盟内部贸易格局的形成及贸易一体化的发展，对欧洲经济周期趋同的形成具有推动作用。

第三，统一货币政策对欧盟各国经济周期趋同具有较大影响。

在各国经济周期的生成和传导过程中，政策的冲击是一个不可忽视的重要因素。随着欧洲经济一体化程度的加深，欧盟国家间越来越多的经济政策转移到欧盟层面，特别是1999年欧洲经济货币联盟成立，欧盟国家开始实行统一货币政策，引起欧盟国家经济周期的传导和互动。

本书以实际利率和M3增长率作为统一货币政策的主要经济指标，对欧洲经济货币联盟成立前后货币政策对欧盟国家经济周期趋同影响进行实证研究。研究显示，欧盟国家统一名义利率，并将通货膨胀率的目标限定在0~2%的范围内，使得各国实际利率明显趋同，实际利率的趋同对各国经济周期的趋同具有积极影响。然而，利率对各国经济周期趋同的影响效果因受到各国货币传导机制差异的影响而有所减弱。欧盟将M3增长率限定在4.5%以内，实证研究结果表明，这不仅促进了经济周期更加趋同，而且对各国经济周期的影响有所增强，表明M3增长率比利率对经济增长的影响更加显著。

总体看来，对欧盟14个成员国的研究表明，实行统一的货币政策对欧盟成员国经济周期的趋同具有积极作用；但是由于货币政策传导机制的差异，目前统一货币政策对各国的经济周期影响作用受到一定程度的限制。随着经济一体化的深入和各国货币政策传导机制的逐渐趋同，统一货币政策对经济的调控作用和经济周期的趋同影响会逐渐增强。

第四，协调的财政政策对欧盟各国经济周期趋同具有积极影响。

欧盟协调的财政政策对欧盟国家的经济周期具有趋同影响。欧盟的《马斯特里赫特条约》规定了欧盟国家财政政策的趋同标准：财政赤字占国内生产总值的比例低于3%、公共债务占国内生产总值的比例不超过60%。本书通过欧盟趋同的财政政策对各国的经济周期趋同的实证研究结果表明，二者具有正相关的关系。具体而言，欧盟各个国家的财政赤字和财政支出趋同是其经济周期趋同的原因，而财政收入则不是促进经济周期趋同的原因。这主要是因为财政赤字和财政支出对经济具有直接的影响，而财政收入的影响是间接的。

由于财政政策的统一程度较低，协调财政政策对经济周期趋同的影响最小，财政赤字、财政支出和财政收入的趋同都与经济周期趋同呈现正相关。如果将来财政政策趋向统一，将会对欧盟经济周期趋同具有更大的促进作用，其发展空间仍然很大。

基于以上结论，本书粗略地测算出欧盟的经济政策影响成员国经济周期趋同的作用（见表8-1）。

表8-1　经济周期趋同影响因素的作用

经济变量		对经济周期趋同影响
国际贸易	国际贸易	＋＋＋
货币政策	实际利率	＋＋
	M3增长率	＋＋
财政政策	财政赤字趋同	＋
	财政支出趋同	＋
	财政收入趋同	－

注：表格中"＋"表示影响大小，"＋"越多表示影响作用越大。"－"表示没有影响。
资料来源：笔者根据研究结果编制。

第八章　结论与展望

第五，欧盟国家在经济一体化的过程中形成了主导经济周期趋同的经济核心国家集团。

随着经济一体化的发展，欧盟国家经济周期波动呈现趋同的特征，特别是在20世纪90年代中期以后，趋同特征更为显著。笔者根据对1999年经济货币联盟成立前后两个时段的聚类分析，发现1999年之后成员国的经济周期差异显著缩小，形成了经济核心国家集团。这就是分类差异最小的第一小组，包括德国、荷兰、意大利、法国、比利时、芬兰六个国家，多数是欧盟的创始成员国。其中德国是欧盟的核心或锚定国家，对欧盟经济整体起到导向性作用。

欧盟经济核心国家之所以能够形成，首先，因为经济核心国家的经济实力在欧盟经济整体中占据主导地位。经济核心国家集团的国内生产总值之和约占欧盟经济整体的三分之二，对欧盟整体的经济发展具有导向性作用。其次，欧盟内部贸易格局为经济核心国家集团的形成奠定了基础。欧盟内部贸易呈现以德国为核心向外辐射的格局，因此欧盟国家的经济周期受到德国的经济走势影响，并通过国际贸易在成员国之间传递。成员国的经济周期具有联动效应，随着经济一体化的发展，各国的经济周期呈现趋同的态势。

第六，欧元区国家经济周期趋同的特征。

本书从宏观经济学角度对欧元区国家的经济周期传导进行了研究，结果显示，欧元区经济周期的发展具有一个特征，即在经济复苏时期主要由出口拉动投资，进而带动消费，三者依次推动经济增长。通过相关性和格兰杰因果检验的分析，结果表明出口和投资、投资和消费具有较强的相关关系，而且滞后1~3期的出口周期是投资周期的原因，滞后8期内的投资周期是消费周期的原因。换言之，出口周期是带动投资周期波动的原因，投资周期是导致消费周期波动的原因。通过实证分析出口周期、投资周期和消费周期对经济增长周期的影响，结果表明，滞后 4 期的出口周期、投资周期和消费周期都与经济周期具有正向关系，说明出口周期、投资周期和消费周期是依次导致经济周期波动的原因。通过对德国的类似分析，德国的经济周期波动具有与欧元区经济周期波动类似的特征。

第七，欧盟新成员国经济趋同。

欧盟新成员国的经济趋同主要从名义趋同和实际趋同进行考察。总体来看，2004 年欧盟东扩后的 12 个新成员国在欧盟资金和政策支持下，与老成员国的经济融合进一步加深，经济呈现快速增长，推动了国内产业结构和技术的升级。由于新成员国之间以及与老成员国的经济差异较大，而且在东扩后不久（2007 年）又受到金融危机和主权债务危机的冲击，因此新成员国的名义趋同和实际趋同还不具有显著性。随着新成员国的经济调整，以及在受到金融冲击后经济逐渐回归正常轨道，新成员国的经济趋同效应将得以显现。

第八，欧盟的主权债务危机对经济趋同的影响。

欧洲主权债务危机对欧盟成员国的经济趋同具有不利影响，危机期间成员国的经济离散性显著增加。欧盟在危机期间出台了一系列应对措施，一方面有助于帮助深陷危机的成员国走出危机，另一方面有助于欧洲经济一体化的发展。例如，欧洲稳定机制、财政协议、银行业联盟等制度的建立，不仅弥补了欧盟的制度缺陷，推动了欧盟的制度建设，而且使欧盟在经济一体化的道路上又向前迈进了一步。

尽管欧盟老成员国在经济一体化过程中具有经济周期趋同的效

应，并且形成了核心经济国家集团，然而深入分析欧盟国家的经济，可以发现欧盟内部的经济失衡仍然较为严重。主要是成员国自身经济竞争力差异较大，以及欧盟东扩后新老成员国经济差异进一步扩大等原因。经济失衡是欧盟近年来面临的一个主要问题，并且被认为是引发此次主权债务危机的主要原因之一。欧盟于2012年开始启动宏观经济失衡程序，以防范和缩减欧盟成员国的经济失衡。欧盟对于经济失衡的监管和治理，有助于缩小欧盟成员国之间的差异，对于欧盟内部的经济趋同也具有积极的推动作用。

第二节 进一步研究展望

欧盟国家经济周期趋同问题是一个较为复杂的问题。本书依据大量翔实的数据资料，借鉴了西方经济学及计量经济学的前沿理论，分析了欧洲经济一体化进程中欧盟国家经济周期趋同的特征，探讨了对外贸易、货币政策和财政政策对欧盟国家经济周期趋同的影响，取得了一些有价值的研究成果。但是，由于条件限制，研究还有待进一步拓展和深化。本书仍然存在一些尚未解决的问题和不足，需要笔者在今后的进一步研究中不断关注和弥补。

首先，由于样本数量所限，个别模型尚待进一步优化。对于实证研究而言，变量选择、样本数据和计量模型无疑是非常关键的，往往左右着实证研究的结论。本研究涉及的国家较多，在部分研究中无法取得完整的季度数据，只能采用年度数据；在获得了季度数据的研究中，由于可研究年限较短，因此总体样本数据不多。如果采用类似VAR模型等进行研究，样本数据就显得较少，会在一定程度上影响计量模型的精度。因此，本书根据样本数据的可获得性选取了相应的研究方法。今后随着样本数据的积累，本书的有关模型将进一步优化。

其次，有待比较欧盟国家和美国、瑞士等联邦国家的经济周期趋同情况。由于美国和瑞士等国家属于联邦制国家，国家内部各州之间以及与中央政府的关系都具有较强的独立性，这与欧盟的成员国具有很好的对比性。为了研究欧盟成员国的经济周期波动的差异性，有必要选取一个可供比较的国家作为范本。在今后的研究中，笔者将对美国和瑞士等联邦制国家各州的经济周期趋同情况与欧盟的成员国的经济周期趋同情况进行比较，从而对欧洲经济一体化的发展提供具有实际意义的理论解析。

最后，还将根据各国的具体情况对欧盟国家经济周期趋同的差异进行深入研究。由于受篇幅和笔者能力所限，本书对于成员国层面的差异分析较少。在今后的研究中，笔者将着重从经济结构等角度对各国的具体情况进行分析，希望能够分析出各国存在差距的原因，进而对欧盟国家之间经济周期趋同的未来发展作出有价值的判断。

主要参考文献

中文部分

[1]〔德〕阿尔弗雷德·格雷纳:《财政政策与经济增长》,经济科学出版社,2000。

[2]〔英〕阿格拉(A. M. EI‐Agraa):《欧洲共同体经济学》,上海译文出版社,1985。

[3] 奥利维尔·布兰查德:《宏观经济学》,清华大学出版社,2004。

[4] 保罗·A. 萨缪尔森:《经济学》(第18版),人民邮电出版社,2008。

[5] 戴维·罗默:《高级宏观经济学》,商务印书馆,1999。

[6] 陈宝森等:《美国经济周期研究》,商务印书馆,1993。

[7] 陈乐一:《西方传统经济周期理论述评》,《财经问题研究》1996年第2期。

[8] 陈磊:《中国经济周期波动的测定和理论研究》,东北财经大学出版社,2005。

[9] 成新轩：《欧盟经济政策协调制度的变迁》，中国财政经济出版社，2003。

[10] 戴启秀：《论欧盟对外贸易政策的法律框架》，《世界经济》2004年第1期。

[11] 丁纯：《欧盟劳动力市场的困境、成因与改革》，《国际经济评论》2006年第6期。

[12] 董文泉等：《经济周期波动的分析与预测方法》，吉林大学出版社，1998。

[13] 〔法〕法布里斯·拉哈（Fabrice Larat）：《欧洲一体化史》，中国社会科学出版社，2005。

[14] 傅义强：《欧盟国家的移民问题与移民政策》，《世界民族》2008年第1期。

[15] 高铁梅主编《计量经济分析方法与建模 Eviews 应用及实例》，清华大学出版社，2006。

[16] 哈伯勒：《萧条与繁荣》，商务印书馆，1988。

[17] 胡荣花、郑静：《欧盟内部贸易格局探析》，《世界经济研究》2006年第7期。

[18] 胡永刚：《当代西方经济周期理论》，上海财经大学出版社，2002。

[19] 贾建华、甘丽华：《国际贸易理论与实务》，北京经济学院出版社，1995。

[20] 蒋瑛编著《欧洲货币联盟及其投资效应》，西南财经大学出版社，2001。

[21] 李世福：《世界经济周期研究成果综述》，《太原师范学院学报（社会科学版）》，2007年1月，第6卷第1期。

[22] 李雪松：《高级经济计量学》，中国社会科学出版社，2008。

[23] 李莹：《〈马斯特里赫特条约〉的四项趋同标准面临的困境——对欧元区成员国财政超标问题的思索及建议》，《科教文汇》2006年第9期。

[24] 刘崇仪等：《经济周期论》，人民出版社，2006。

[25] 刘海虹：《货币政策与财政政策的内在传导机制与外在冲击机制研究》，中国经济出版社，1994。

[26] 刘积余：《从经济发展周期看货币政策的选择》，《四川金融》1998年第10期。

[27] 刘金全：《投资波动性与经济周期之间的关联性分析》，《中国软科学》2003年第4期。

[28] 刘宁宁：《欧洲经济货币联盟政策协调机制研究》，经济科学出版社，2006。

[29] 刘树成：《经济周期与宏观调控》，社会科学文献出版社，2005。

[30] 刘树成：《中国经济的周期波动》，社会科学文献出版社，2007。

[31] 刘树成主编《中国经济周期研究报告》，社会科学文献出版社，2006。

[32] 罗伯特·J.巴罗（Robert J. Barro）主编《现代经济学理论》，商务印书馆，1997。

[33] 马红霞：《欧元区东扩的进程、问题及其影响》，《世界经济研究》2007年第3期。

[34] 闵凡祥：《全球化、一体化对欧盟劳动力市场的影响》，《苏州科技学院学报（社会科学版）》，2004年8月，第21卷第

3 期。

[35] 钱运春：《论欧洲一体化进程中的公平与效率》，《欧洲研究》2005 年第 4 期。

[36] 塞尔维斯特尔·C·W. 艾芬格、雅各布·德·汉：《欧洲货币与财政政策》，中国人民大学出版社，2003。

[37] 斯蒂格利茨：《经济学》，中国人民大学出版社，2000。

[38] 宋玉华、高莉：《世界经济周期的贸易传导机制》，《世界经济研究》2007 年第 3 期。

[39] 宋玉华、徐前春：《世界经济周期理论的文献述评》，《世界经济》2004 年第 6 期。

[40] 宋玉华：《世界经济周期理论与实证研究》，商务印书馆，2007。

[41] 王鹤：《经济形势》，见中国社会科学院欧洲研究所和中国欧洲学会编《2004~2005 欧洲发展报告》，中国社会科学出版社，2005。

[42] 王鹤：《经济形势》，见中国社会科学院欧洲研究所和中国欧洲学会编《2007~2008 欧洲发展报告》，中国社会科学出版社，2008。

[43] 王鹤：《欧洲经济货币联盟》，社会科学文献出版社，2002。

[44] 王健：《新凯恩斯主义经济学》，经济科学出版社，1996。

[45] 王洛林：《经济周期研究》，经济科学出版社，1998。

[46] 王仕英：《美国对欧洲一体化政策研究综述》，《兰州学刊》2008 年第 8 期。

[47] 王悦：《国际经济政策协调及其对平抑世界经济周期波动的作用》，《生产力研究》2007 年第 16 期。

[48] 王悦：《西方经济周期与经济波动理论回顾》，《求索》2006

年第 10 期。

[49] 王兆高：《论稳健财政政策在经济周期中的表现与运用》，《企业经济》2005 年第 9 期。

[50] 吴疆、张克宁、仁丛飞：《论东亚一体化进程中的轴心缺失与建设——以欧洲一体化进程中的"法德轴心"为视角》，《经济理论研究》2009 年第 2 期。

[51] 小罗伯特·E. 卢卡斯：《经济周期理论研究》，商务印书馆，2012。

[52] 邢骅：《欧洲一体化风雨兼程五十载》，《国际问题研究》2007 年第 6 期。

[53] 徐春祥、林萌：《欧盟贸易政策的保护性研究》，《商业经济》2004 年第 2 期。

[54] 〔荷兰〕雅克·佩克曼斯：《欧洲一体化方法与经济分析》，中国社会科学出版社，2006。

[55] 约翰·梅纳德·凯恩斯：《就业、利息和货币通论》（重译本），商务印书馆，1999。

[56] 臧书磊：《试析聚合基金对欧洲一体化的影响》，《湛江师范学院学报》，2008 年 2 月，第 29 卷第 1 期。

[57] 曾宪久：《货币政策传导机制论》，中国金融出版社，2004。

[58] 张健雄：《欧盟经济政策概论》，中国社会科学出版社，2006。

[59] 张晓峒主编《计量经济学基础》，南开大学出版社，2005。

英文部分

[61] A. Aquino, "Intra - Industry Trade and Inter - Industry Specialization as Concurrent Sources of International Trade in Manufac-

tures", in *Weltwirtschaftliches Archiv*, No. 114, 1978.

[62] A. M. Hanen, *Business Cycles and National Income*, Expanded Edition, New York, Norton Company Inc., 1964.

[63] A. Sapir, "The Effects of Europe's Internal Market Programme on Production and Trade: A First Assessment", in *Weltwirtschaftliches Archiv*, 1996.

[64] Alan C. Stockman, "Real business cycle: A Guide, an Evaluation, and New Directions", in *Economic Review*, No. 4, 1988.

[65] Alessandro Turrini, "Fiscal Policy and the Cycle in the Euro Area: The Role of Government Revenue and Expenditure", in *European Economy, Economic papers*, No. 323, May 2008.

[66] Anna-Maria Agresti and Benoît Mojon, "Some Stylised Facts on the Euro Area Business Cycle", in European Central Bank, *Working Paper Series*, No. 95, December 2001.

[67] B. Eichengreen, "Should the Masstricht Treaty be Saved?" in *Princeton Studies in International Finance* No. 74, International Finance Section, Princeton University, December 1992.

[68] Beate Schirwitz and Klaus Wälde, "Synchronization of Business Cycles in G7 and EU14 countries", in European Commission, *Economic Studies and Research*, October 2004.

[69] C. Calderón, A. Chong, and E. Stein, "Trade Intensity and Business Cycle Synchronization: Are Developing Countries any Different?" in *Central Bank of Chile*, Santiago, *Working Paper*, No. 195, 2002.

[70] Canova, Fabio and Dellas, Harris, "Trade Interdependence and

the International Business Cycle", in *Journal of International Economics*, Elsevier, Vol. 34 (1), February 1993.

[71] Canova, Fabio and Marrinan, Jane, "Sources and Propagation of International Output Cycles: Common Shocks or Transmission", in *Journal of International Economics*, Elsevier, Vol. 46 (1), October 1998.

[72] Christian Gayer, "A Fresh Look at Business Cycle Synchronization in the Euro Area", in *European Economy*, *Economic Papers* No. 287, September 2007.

[73] Cristina Checherita, Christiane Nickel and Philipp Rother, "The Role of Fiscal Transfers for Regional Economic Cconvergence in Europe", in European Central Bank, *Working Paper Series*, No. 1029, March 2009.

[74] D. T. Coe, and E. Helpman, "International R&D Spillovers", in *European Economic Review*, No. 39, 1995.

[75] D. Greenaway and R. C. Hine, "Intra – industry Specialization, Trade Expansion and Adjustment in the European Economic Space", in *Journal of Common Market Studies*, Vol. 29 (6), December 1991.

[76] Deutsche Bank, "Business Cycle Synchronisation in the Euro Area", in *Research Working Paper Series*, No. 11 October 2006.

[77] Domenico Giannone, Michele Lenza and Lucrezia Reichlin, "Business Cycle in the Euro Area", in European Central Bank, *Working Paper Series*, No. 1010, February 2009.

[78] E. C. Prescott, "Why do Americans work so much more than Eu-

ropeans?" in *Federal Reserve Bank of Minneapolis Quarterly Review* Vol. 28, No. 1, 2004.

[79] European Commission, "Cyclical Adjustment of Budget Balances" in *DG ECFIN Economic*, Spring 2005.

[80] European Commission, "Cyclical Convergence in the Euro Area – Rrecent Ddevelopments and Ppolicy Implications", in *Quarterly Rreport on the Euro Area*, Vol. 3, No. 2, July 2004.

[81] European Commission, "Cyclical Synchronisation Within the Euro Area – What Do Recent Data Tell Us", in *Quarterly Report on the Euro Area*, Vol. 5, No. 2, July 2006.

[82] European Commission, "EMU@10: Successes and Challenges After 10 Years of Economic and Monetary Union", in *European Economy* No. 2008/2, May 2008.

[83] European Commission, "Recent Labour Market Reforms in the Euro Area: Characteristics and Estimated Impact", in *Quarterly Report on the Euro Area*, Vol. 7, No. 1, 2008.

[84] European Commission, *EU Economic Forecast*, Autumn 2008.

[85] European Commission, *External and Intra-European Trade Monthly Statistics 1958 – 1982*.

[86] European Commission, *The EU Economy 2002 Review*, No. 6, 2002.

[87] European Commission, "The Competitiveness of European Industry 1999 Report", in *Working Document of the Services of the European Commission*, Paris, No. 29, February 2000.

[88] F. E. Kydland and E. C. Prscott, "The Computational Experi-

ment: An Econometric Tool", in *Journal of Economist Perspectives*, Vol. 10 (1), 1982.

[89] Ferdinand Fichtner, "Germany and the European Business Cycle – An Analysis of Causal Relations in an International Real Business Cycle Model", in *Institut für Wirtschaftspolitik an der Universität zu Köln*, IWP Discussion Paper No. 2003/1, May 2003.

[90] Finn E. Kydland, "Business cycles and aggregate labor market dynamics", Chapter 5, in *Frontiers of Business Cycle Research* (eds.: T. F. Cooley and E. C. Prescott). Princeton, New Jesey: Princeton University Press. 1995.

[91] Florin O. Bilbiie, Roland Straub, "Fiscal Policy, Business Cycles and Labor – market Fluctuations", in *MNB Working Papers*, No. 6, 2004, from the Central Bank of Hungary, June 2004.

[92] Francesco Zanetti, "A Non – Walrasian Labor Market and the European Business Cycle", in *Boston College Working Papers in Economics*, No. 574, May 2004.

[93] Frederic Mishkin, "The Channels of Monetary Transmission: Lessons for Monetary Policy", in *NBER Working Papers* No. 5464, March 1996.

[94] Gabriele Tondl, Iulia Traistaru – Siedschlag, "Regional Growth Cycle Convergence in the Euoropean Union", in *EI Working Paper*, No. 71, June 2006.

[95] Hans – Martin Krolzig and Juan Toro, "Classical and Modern Business Cycle Measurement: The European Case", in *Economic Working Papers at Centro de Estudios Andaluces*, No. E2002/20.

[96] Henk Kox, Arjan Lejour and Raymond Montizaan, "Intra-EU Trade and Investment in Service Sectors, and Regulation Patterns", in *CPB Netherlands Bureau for Economic Policy Analysis*, No. 102, 19 November 2004.

[97] Howard J Sherman and David X Kolk, in *Business Cycles and Forecasting*, HarperCollins, New York, 1996.

[98] J. B. Long and C. I. Plosser, "Real Business Cycle", in *Journal of Political Economy*, Vol. 91, 1983.

[99] J. E. Stiglitz, "The Causes and Consequences of the Dependence of Quality on Price", in *Journal of Economic Literature*, No. 25, 1987.

[100] J. Fidrmuc, "The Endogeneity of Optimum Currency Area Criteria, Intra-Industry Trade and EMU Enlargement", in *Bank of Finland, Helsinki, BOFIT Discussion Papers*, No. 8, 2001.

[101] J. Frankel and A. K. Rose, "The Endogeneity of the Optimum Currency Area Criteria", in *Economic Journal*, No. 108, 1998.

[102] Linna, J. G., "The Idiosyncrasy of Business Cycle Across EU Countries", in *EPRU Working Paper Series*, No. 02-08, 2002.

[103] Jakob de Haan, Robert Inklaar and Olaf Sleijpen, "Have Business Cycles Become More Synchronized?" in *Journal of Common Market Studies*, Blackwell Publishing, Vol. 40 (1), 2002.

[104] Jarko Fidrmuc, "Intra-industry Trade Between the EU and the CEECs", in *Focus on Transition*, No. 1, 2001.

[105] Jean M. Imbs, "Trade, Finance, Specialization, and Synchronization", in *The Review of Economics and Statistics*, MIT Press, Vol. 86 (3), 2004.

[106] Jeffrey A. Frankel and Andrew K. Rose, "The Endogeneity of the Optimum Currency Area Criteria", in *Economic Journal*, Vol. 108, No. 449, 1997.

[107] John Maynard Keynes, *The General Theory of Employment, Interest and Money*, Harvard University Press, 1934.

[108] K. H. Midelfart – Knarvik, H. G. Overman, S. J. Redding, A. J. Venables, "The Location of European Industry", in *Report Prepared for the Directorate General for Economic and Financial Affairs*, European Commission, February, 2000.

[109] K. Shin and Y. Wang, "Trade Integration and Business Cycle Synchronization inEast Asia", in *Asian Economic Papers*, Vol. 2 (3), 2003.

[110] Karsten Staehr, "Fiscal policies and business cycle in an enlarged Euro Area". in *CESifo Working Paper*, No. 1933, June 2007.

[111] Kwanho Shin and Yunjiong Wang, "The Impact of Trade Integration on Business Cycle Co – movements in Europe", in *Review of World Economics*, Vol. 141 (1), 2005.

[112] Lourdes Acedo Montoya, Jakob de Haan, "Regional Business Cycle Synchronization in Europe?" in *Bruges European Economic Research Papers* No. 11, June 2007.

[113] M. Friedman and A. J. Schwaz, "Money and Economic Cycle", in *Review of Economic Statistics*, Feburary 1963.

[114] M. Amiti, "Specialisation Patterns in Europe", in *Centre for Economic Performance, Discussion Paper* No. 363, September, 1997.

[115] M. Amiti, "Specialisation Patterns in Europe", in *Centre for Eco-*

nomic Performance, Discussion Paper No. 363, September 1997.

[116] M. Baxter and A. C. Stockman, "Business Cycles and the Exchange – Rate Regime: Some International Evidence", in NBER Working Paper, No. 2689, 1988.

[117] Marc J. Melitz, "The Impact of Trade on Intra – Industry Reallocations and Aggregate Industry Productivity", in Econometrica, Econometric Society, Vol. 71 (6), November 2003.

[118] Marianne Baxter and Michael A. Kouparitsas, "Determinants of Business Cycle Comovement: A Robust Analysis", in NBER Working Paper, No. 10725, August 2004.

[119] Mario Monti, David Buchan, The Single Market and Tomorrow's Europe: a Progress Report from the European Commission, published by Luxembourg: Office for Official Publications of the European Communities; London : Kogan Page, 1996.

[120] Marius Brülhart and Rolf Traeger, "An Account of Geographic Concentration Patterns in Europe", in Regional Science and Urban Economics, No. 35, 2005.

[121] Mark A. Wynne and Jahyeong Koo, "Business cycle under Monetary Union: A Comparison of the EU and US", in Economica, No. 67, 1999.

[122] Maximo Camachoy, Gabriel Pérez – Quirós and Lorena Saiz, "Are European Business Cycles Close Enough to be Just One?" in CEPR Discussion Papers No. 4824. January 2005.

[123] Michael Artis, "Is There A European Business Cycle?" in CESIFO Working Paper, No. 1053, 2003.

[124] Michael J. Artis, Hans-Martin Krolzig and Juan Toro, "The European Business Cycle", in *Oxford Economic Papers*, No. 56, 2004.

[125] Michael J. Artis and Wenda Zhang, "Further Evidence on the International Business Cycle and the ERM: Is There a European Business Cycle?" in *Oxfoed Economic Papers*, No. 51, 1999.

[126] Michael J. Artis and Wenda Zhang, "International Business Cycles and the ERM: Is There a European Business Cycle?" in *International Journal of Finance and Economics*, No. 2, 1997.

[127] Michael Massmann and James Mitchell, "Reconsidering the Evidence: Are Eurozone Business Cycles Converging?" in *Journal of Business Cycle Measurement and Analysis*, Vol. 1 (3), 2004.

[128] Monti, M., *The Single Market and Tomorrow's Europe*, London: Koran. 1996.

[129] N. Gregorg Mankiw and David Romer, *New Keynesian Economics*, The MIT Press, 1999.

[130] N., H. Lopez Loayza and A. Ubide, "Co-Movements and Sectoral Interdependence: Evidence for Latin America, East Asia, and Europe", in *IMF Staff Papers*, Vol. 48, No. 2, 2001.

[131] L. Rachel Ngai and Christopher A. Pissarides, "Trends in Hours and Economic Growth", in *CEPR Discussion Paper*, No. 5440, April 2006.

[132] OECD, *OECD Economic Outlook*, No. 84, December 2008.

[133] OECD, *OECD Main Economic Indicators*, 2005.

[134] P. A. Samuelson, "A Synthesis of the Principle of Acceleration and

the Multiplier", in *Journal of Political Economy*, Vol. 47, No. 6, 1934.

[135] P. Krgman, "Lessons of Massachusetts for EMU", in Torres F. and F. Giavazzi (eds.), *Adjustment and Growth in the European Monetary Union*, Cambirdge University Press, 1993.

[136] R. Shimer, "Reassessing the ins and outs of Unemployment", Presented at EFGS meetings, January 16, 2005.

[137] Richard Baldwin, "The Euro's Trade Effects", In Eruopean Central Bank, *Working Paper Series*, No. 594, March 2006.

[138] Robert A. Mundell, "Theory of Optimum Currency Areas", in *The American Economic Review*, Vol. 51, No. 4. September 1961.

[139] Robert Inklaar and Jakob de Haan, "Is There Really a European Business Cycle?" in *CESifo Working Paper Series*, No. 268, 2000.

[140] Rould I. Mckirmon, "Optimum Currency Area", in *American Economic Review*, Vol. 53, September 1963.

[141] Rudiger Dornbusch, Carlo A. Favero, Francesco Giavazzi, "The Immediate Challenges for the European Central Bank", in *NBER Working Paper*, No. 1, 1998.

[142] S. Gerlach, "World Business Cycles under Fixed and Flexible Exchange Rates", in *Journal of Money, Credit, and Banking*, Vol. 20 (4), 1988.

[143] Steve Ambler, Emanuela Cardia and Christian Zimmermann, "International Transmission of the Business Cycle in a Multi－sector model", in *European Economic Review*, Elsevier, Vol. 46 (2), February 2002.

[144] T. Bayoumi and B. Eichengreen, "Ever Closer to Heaven? An Optimum Currency Area Index for European Countries", in *European Economic Review*, No. 41, 1997.

[145] T. Bayoumi, and B. Eichengreen, "Exchange Rate Volatility and Intervention: Implications of the Theory of Optimum Currency Areas", in *Journal of International Economics and Control*, No. 25, 1998.

[146] Uwe Böwer and Catherine Guillemineau, "Determinants of Business Cycle Synchronization Across Euro Area Countries", in European Central Bank, *Working Paper Series*, No. 587, February 2006.

[147] V. Zarnowitz, "Recent Work on Business Cycle in Historical Perspective: A Review of Theories and Evidence", in *Journal of Economic Literature*, Vol. 23, No. 2, 1985.

[148] W. C. Mitchell, *Business Cycles: The Problem and Its Setting*, published by National Bureau of Economic Research, New York, 1927.

[149] Zsolt Darvas, "Fiscal Divergence and Business Cycle Synchronization: Irresponsibility is Idiosyncratic", in *NBER Working Papers*, No. 11580, 2005.

[150] Zsolt Darvas, Andrew K. Rose and György Szapáry, "Fiscal Divergence and Business Cycle Synchronization: Irresponsibility is Idiosyncratic", in *NBER Working Paper Series*, No. 11580, July 2005.

[151] Mink, Mark, Jan P. A. M Jacobs. and Jakob de Haan (2007)

"Measuring Synchronicity and Co – Movement of Business Cycles with an Application to the Euro Area", in *CESifo Working Paper Series* No. 2112.

[152] Michael Artis, Massimiliano Marcellino, Tommaso Proietti, (2003) "Dating the Euro Area Business Cycle", in *CEPR Discussion Paper*, No. 3696.

后 记

本书是我在博士毕业论文基础上完成的,因此要特别感谢为我的博士论文做出贡献的各位良师益友和亲朋。

我的博士论文从选题到成稿历时四年。之后,我又在博士论文的基础上进行了更新和补充,并做了进一步的修改和完善,几易其稿才完成此书。首先我要感谢我的导师王鹤研究员对我的谆谆教诲和悉心指导。本书的提纲确定、结构安排、研究内容都倾注了导师的心血。导师为人谦和、学识渊博、治学严谨,他的言传身教将使我终身受益。他在身体状况欠佳期间,还坚持认真地反复修改我的论文,不断提出有益的指导和建议。导师对学术的执着和严谨以及敬业精神,是我敬佩和学习的典范。

我还要感谢德国弗赖堡大学财政金融与货币经济研究所前所长弗兰克教授(Prof. Dr. Dr. h. c. H. – H. Francke)、尼茨教授(Prof. Harald Nitsch)、科茨教授(Prof. Hans – Helmut Kotz)和什赖贝尔教授(Mrs. Eva Srejber)的帮助和指导。在本书的研究过程中,财政金融与货币经济研究所的博士生达维德(David Denzer – Speck)、丹尼尔(Daniel Sutor)和亚历山大(Alexander Eschbach)

等也给予我非常有益的帮助。

在本书的写作过程中,我得到欧洲研究所的裘元伦研究员、罗红波研究员、吴弦研究员和数量技术与经济研究所各位老师的指导,欧洲研究所资料室钱小平等老师为我查找数据和资料提供了帮助。在此我深表感谢!

我的同事、好友们的鼓励与关心,也是我完成学业的动力。在此我不一一细数,我衷心地感谢和祝福他们。

我能够完成此书,离不开父母、丈夫和亲属的理解与鼎力支持。他们无微不至的关怀和殷殷期望是我前行的不竭动力,感激之情难以言表,心中只有对他们诚挚的祝福!

虽然此书经过几次修改才得以完成,但由于本人能力所限,不足和谬误之处仍然难免,敬请学术界前辈、同仁和广大读者指正。

秦爱华
2014 年 8 月

图书在版编目(CIP)数据

欧洲经济周期趋同研究/秦爱华著.—北京:社会科学文献出版社,2014.12
(欧洲研究丛书·研究系列)
ISBN 978 - 7 - 5097 - 6892 - 1

Ⅰ.①欧… Ⅱ.①秦… Ⅲ.①欧洲经济 - 经济周期 - 研究 Ⅳ.①F15

中国版本图书馆 CIP 数据核字(2014)第 289553 号

欧洲研究丛书·研究系列
欧洲经济周期趋同研究

著　　者 / 秦爱华

出 版 人 / 谢寿光
项目统筹 / 祝得彬
责任编辑 / 张素芳　仇　扬

出　　版 / 社会科学文献出版社·全球与地区问题出版中心(010)59367004
　　　　　　地址:北京市北三环中路甲 29 号院华龙大厦　邮编:100029
　　　　　　网址:www.ssap.com.cn
发　　行 / 市场营销中心(010)59367081　59367090
　　　　　　读者服务中心(010)59367028
印　　装 / 北京季蜂印刷有限公司
规　　格 / 开　本:787mm × 1092mm　1/16
　　　　　　印　张:14.25　字　数:171 千字
版　　次 / 2014 年 12 月第 1 版　2014 年 12 月第 1 次印刷
书　　号 / ISBN 978 - 7 - 5097 - 6892 - 1
定　　价 / 69.00 元

本书如有破损、缺页、装订错误,请与本社读者服务中心联系更换

▲ 版权所有 翻印必究